Sacré-Cœur

La Villette

MONTMARTRE

Gare du Nord

Gare de l'Est

Parc des Buttes-Chaumont

Canal St-Martin

Place de la République

Musée du Louvre

Forum des Halles

Centre Georges Pompidou

Cimetière du Père-Lachaise

Notre-Dame

QUARTIER DU MARAIS

Ile de la Cité

-des-Prés

Bd. St-Germain

Ile St-Louis

Bd. Henri IV

Opéra Bastille

Sorbonne

Bd. Diderot

Place de la Nation

Panthéon

Institut du Monde Arabe

Gare de Lyon

Jardin des Plantes

Ministère des Finances

QUARTIER LATIN

du Montparnasse

Gare d'Austerlitz

Palais Omnisport de Paris-Bercy

Place d'Italie

Bois de Vincennes

Bibliothèque Nationale

Parc Montsouris

Seine

sitaire

INFOS
lire l'actualité en français
junior

Volume ①

井上美穂
Florence Yoko Sudre

SURUGADAI-SHUPPANSHA

本書には，本文を吹き込んだ別売りCD（本体800円＋税）（ISBN 978-4-411-11350-4）を用意しております．
また，iTunes, FeBe! (http://febe.jp/) で，有料で音声ダウンロードができます．どうぞ，ご利用ください．

装丁・本文デザイン：🎲die
本文イラスト：平澤亜子

はじめに

　大学で初級フランス語文法や読解の授業を行う場合，構文が簡単であれば，内容は多少難しくても大丈夫だと思われます．例えば，Pierre mange du pain avec du beurre.（ピエールはバターをつけてパンを食べる）という文を学習する場合，この文は教科書の中にだけ存在し，現実の世界からは遊離している感じが否めません．でも，L'ONU adopte une résolution sur la Syrie.（国連はシリアについて決議を採択する）という文であれば，毎日テレビで見ているニュースであり，現実の世界と直結している実感が持てると思います．考えようによっては，du pain には部分冠詞がついていますので，学習者にとっては une résolution の方が簡単に感じられる可能性さえあります．

　Infos junior は，このようにフランス語圏の文化や時事を話題にした初級向けの文法・読解の教科書です．学習内容は，1課が定冠詞と不定冠詞，2課が部分冠詞，3課が à/de と定冠詞の縮約，という具合に伝統的な文法を踏襲しています．そして，最後の17課までの学習を終えたあとは，中・上級向け教科書の Infos につなげられることを目指しました．

　もちろん，時事の用語が登場しますので，難しく感じられる場合もあると思います．辞書だけでは理解が難しいと思われる場合は，教授用資料に添付した語彙集を活用なさってください．また，つづり字の読み方も学習していただけるように，各課に「読んでみよう！」というコーナーが設けてあります．これは，各課で少しずつつづりの読み方を学習する目的で設けてありますが，もしつづりの読み方の規則に関する一覧表があった方が便利な場合は，この教科書の巻末にそのリストがあります．

　この教科書を使うことによって，学習者のみなさんがフランス語を身近な存在として感じて下さることを願っています．

　　2014年8月

　　　　　　　　　　　　　　　　　　　　　　　　　　　　　　　　著　者

目　次

	テーマ	文法項目	つづりの読み方
1課 …6	ツール・ド・フ… ではなくて， ツール・ド・埼玉！	●定冠詞 ●エリジヨン ●不定冠詞 ●定冠詞と不定冠詞の使い分け	母音字の読み方 ou [u] ai, ei [e] au, eau [o]
2課 …10	イースターといえば， チョコレート	●部分冠詞 ●定冠詞はいつ使うのか？	母音字の読み方（続き） eu, œu [ø] u [y] oi [wa]
3課 …14	ルーヴル美術館	●à＋定冠詞の縮約 ●de＋定冠詞の縮約	鼻母音 an, en [ɑ̃] on [ɔ̃]
4課 …18	酪農家の抗議行動	●動詞 être ●tu/vous	鼻母音（続き） in, un, ain, ein, yn [ɛ̃]
5課 …22	5月1日のすずらん	●動詞 avoir ●否定形	語末の -e は無視 語末の -é [e] 語末の -et, -er, -ez [e]
6課 …26	チュニジアの ジャスミン革命，その後	●-er 動詞 ●否定の de	アクセント記号 語中や語頭のeの読み方
7課 …30	同性婚を許可する法律が 成立	●男性名詞から女性名詞を作る ●形容詞の性 ●名詞・形容詞の数	c [s], [k] ç [s]
8課 …34	カンヌ映画祭	●形容詞の位置 ●指示形容詞	g [ʒ], [g]
9課 …38	オランド大統領訪日と 原子力産業アレバ社	●所有形容詞 ● mon/ton/son＋母音字で始まる女性単数名詞	s [z], [s] ss [s]

	テーマ	文法項目	つづりの読み方
10課 … 42	エアバス対ボーイング	●動詞 venir ●近接過去 ●動詞 aller ●近接未来	語末の子音字 語末の -c, -f, -l, -r 複数の -s, -x
11課 … 46	モンサンミッシェル	●主語 on ●受動態 ●受動態の否定形	ch [ʃ] qu [k]
12課 … 50	ベルギーで新国王即位	●形容詞の比較級 ●形容詞の最上級	子音字＋ill [ij], [il]
13課 … 54	シャトー・ワイン	●副詞の比較級 ●副詞の最上級 ●形容詞 bon の比較級 ●形容詞 bon の最上級 ●副詞 bien の比較級と最上級	母音字＋il, ill [j]
14課 … 58	イプシロンロケット	●代名動詞 ●代名動詞の否定形	x [gz], [ks]
15課 … 62	心のレストラン	●非人称の il (1)〜(3)	gn [ɲ]
16課 … 66	アルジェリアの日本人人質拘束事件	●助動詞に avoir を使う複合過去 ●助動詞に être を使う複合過去 ●複合過去の否定形	h は読まない
17課 … 70	2020年東京オリンピック開催決定	●半過去 ●半過去と複合過去の使い分け	-tion [sjɔ̃] -stion [stjɔ̃]

フランス語のつづりの読み方 … 75

動詞活用表 … 77

授業を始める前に…

[CD 2] ●あいさつ

  Bonjour !

●別れのあいさつ

  Au revoir !

●出席をとる時に，名前を呼ばれたら…

  Oui !　または　Présent !（女子の方は Présente !）

●質問などがあって，先生に声をかける時は…

  S'il vous plaît.（＝英語の please）

1 ツール・ド・フ…ではなくて，ツール・ド・埼玉！

　2013年10月さいたま市で，自転車ロードレース「さいたまクリテリウム by ツールドフランス」が開かれました．有名なツール・ド・フランスの名を冠した大会が，フランス国外で開催されたのは初めてのことだそうです．国際的に有名な選手が参加したメーンレース以外に，フランスや埼玉の特産品の出店や，自転車関連グッズの販売などもあり，賑わいをみせました．しかし，事業費が膨らみ，収入不足になるという課題も残しました．

文法　定冠詞

　フランス語では，名詞の前に冠詞が必要です．冠詞は3種類ありますが，1課では，定冠詞と不定冠詞について学習します．定冠詞は，特定のもの・限定されたものに使います．例えば，国名・地域名・山脈名・観光スポット・イベント名などです．

	単数	複数
男性	le (l')	les
女性	la (l')	

le Tour de France
la France
les Alpes

練習問題 ①

　次の地図は，2013年のツール・ド・フランスのコースです．コルシカ地方を出発し，大陸側のプロヴァンス地方に渡った後，ピレネー山脈からブルターニュ地方には自転車ではなく飛行機で移動しました．アルプスからヴェルサイユへも飛行機での移動でした．ゴールはシャンゼリゼです．

　吹き出しの中に，冠詞を入れましょう．コルシカ，プロヴァンス，ブルターニュは地方名なので，女性名詞です．2つの山脈名とシャンゼリゼは，複数形です．mont (山)，massif (山塊)，château (宮殿) は，すべて男性名詞です．

注　コルシカ，プロヴァンス，ブルターニュは旧地方名で，現在の行政区画では用いられていません．

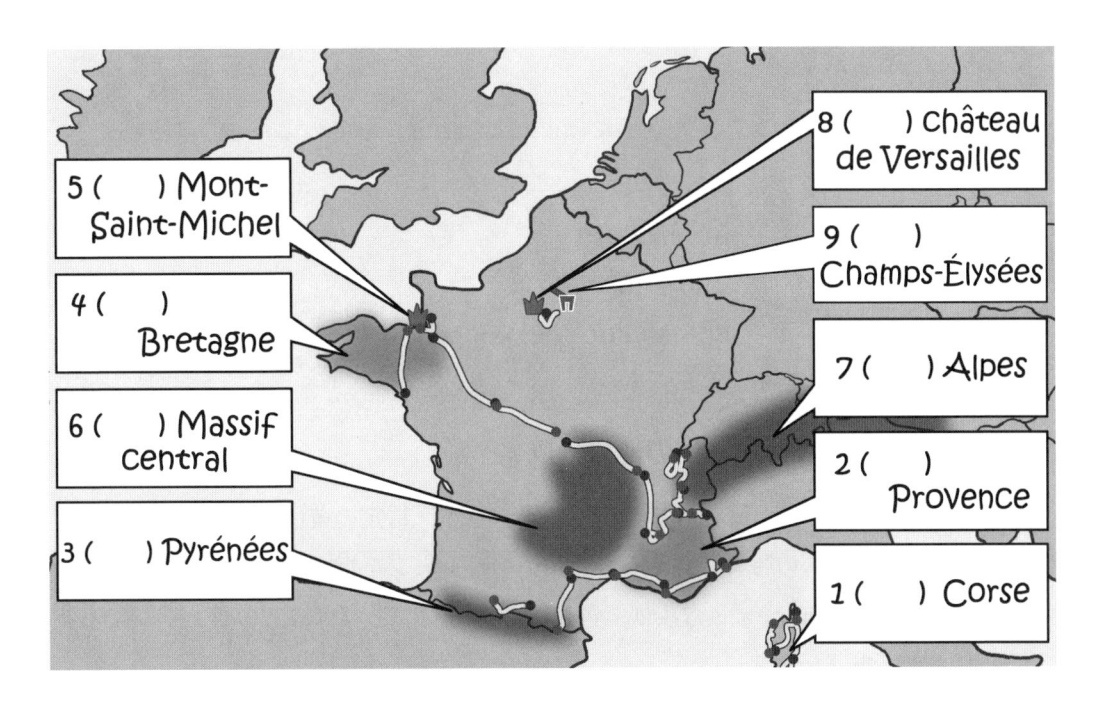

5 (　) Mont-Saint-Michel
4 (　) Bretagne
6 (　) Massif central
3 (　) Pyrénées
8 (　) château de Versailles
9 (　) Champs-Élysées
7 (　) Alpes
2 (　) Provence
1 (　) Corse

文法　エリジヨン

le, la の後に，母音で始まる名詞が続くと，l' という形になります．

CD 4　練習問題 ②

ツール・ド・フランスは，最近はフランスの隣国から始まることが多くなっています．その国で初日のレースを行い，2 日目以降にフランスに入ってレースを続けるという日程です．

① 今までに出発国として選ばれた国の一部を，以下に紹介します．国名の前に，冠詞をつけましょう．-e でつづりが終わっている国は，ほとんどが女性名詞の国です．Pays-Bas は複数形です．
② これらの国は，上の地図のどこにあるでしょうか．確認しましょう．

(1) (　　) Allemagne
(2) (　　) Belgique
(3) (　　) Espagne
(4) (　　) Pays-Bas
(5) (　　) Luxembourg
(6) (　　) Suisse
(7) (　　) Irlande
(8) (　　) Angleterre

文法　不定冠詞

不定冠詞は，不特定のもの，聞き手にはまだどれと分かっていないものに使います．

	単数	複数
男性	un	des
女性	une	

un maillot
une course
des maillots, des courses

文法　定冠詞と不定冠詞の使い分け

フランス人にむかって « le maillot jaune » と言うと，特定の黄色のジャージ，つまりツール・ド・フランスの勝者に与えられる黄色のジャージを指すことになります．これに対し « un maillot jaune » と言えば，黄色のジャージであれば，どのジャージでも指すことができます．

注　もちろん，黄色のジャージを持っている人が，その特定の自分のジャージを指して le maillot jaune と言うことも可能です．

不定冠詞は，次のように使われることもあります．
Le Tour de France, c'est une course cycliste. (c'est…＝それは〜です)
「ツール・ド・フランス，それは（たくさん存在しているうちの）ひとつの自転車レースです．」

練習問題 ③ [CD 5]

Le Tour 2013 は，記念すべき第 100 回目のツールでした．21 の étapes（ステージ）で構成され，全てのステージのタイムを合計した総合優勝は，イギリス人のフルーム選手でした．

かっこ内に，定冠詞または不定冠詞を入れましょう．特定のもの・1つしかないものの場合は定冠詞を入れます．たくさんあるもののうちの1つであることを示している場合は，不定冠詞を入れます．

(1) (　) Tour 2013, c'est (　) centième Tour de France.
　　ヒント①：ツールは年に1回しか開催されませんので，「2013年のツール」も1つしかありません．ヒント②：第100回ツールと呼べるものが，他に存在するでしょうか．

(2) (　　) gagnant, c'est Christopher Froome.

　　ヒント：ここでは2013年のツールの総合優勝者を指しています．

(3) Christopher Froome, c'est (　　) Anglais.

(4) (　　) étape 19 dans (　　) Alpes, c'est (　　) parcours difficile.

　　ヒント：parcours（コース）は単数形です．ツール・ド・フランスには，難しいコースはたくさんあります．

注　tour（男性名詞．以降 *m.* と省略して表示）：一周　centième：100回目の　gagnant（*m.*）：勝者　Anglais（*m.*）：イギリス人　étape（女性名詞．以降 *f.* として表示）：レースの1走行区間　dans：〜の中の　parcours（*m.*）：コース　difficile：難しい

CD 6　**練習問題 ④**

SAITAMA Criterium by Le Tour de France について，かっこに適切な冠詞を入れましょう．

(1) SAITAMA Critérium, c'est (　　) course cycliste.
(2) *Criterium*, c'est (　　) mot latin.
(3) Critérium, c'est (　　) course sur (　　) circuit court.
(4) (　　) gagnant, c'est Christopher Froome.

注　course（*f.*）：レース　cycliste：自転車競技の　mot（*m.*）：単語　latin：ラテン語の　circuit（*m.*）：サーキット［周回コース］　court：短い

フルーム選手は，さいたまクリテリウムでも優勝しました．

CD 7　**読んでみよう！**

● 母音字の読み方

ou [u]　　　　tour, Luxembourg, course, parcours, court
ai, ei [e]　　Anglais
au, eau [o]　jaune, château

2

イースターといえば，チョコレート

　フランスでもっともチョコレート消費が多いのは，クリスマスから年末にかけてのご馳走シーズンで，その次が復活祭の時期です．2012年には，12 500トンものチョコレートが，復活祭のシーズンに消費されました．復活祭には卵・めんどり・うさぎなどの型で作ったチョコレートが店頭に並びます．10年前までは，その型抜きチョコはカカオ55％含有のものが好まれていましたが，最近では60〜65％のブラックチョコレートが人気なのだそうです．

文法　部分冠詞

　1課で不特定のものには不定冠詞をつけるとしましたが，「不特定で数えられるものに不定冠詞」が正確な表現です．不特定で数えられないものには部分冠詞をつけましょう．

男性	du (de l')
女性	de la (de l')

イースターエッグを見せながらの発言　« C'est un œuf de Pâques. »
ブラックチョコレートの塊を見せながらの発言　« C'est du chocolat noir. »

練習問題 ①

　以下の文は，「このチョコは美味しいですね．材料は何ですか？」という質問への答えです．（　）を冠詞でうめましょう．ここに登場する名詞は，すべて数えられない食材です．

« (　　　) chocolat noir, (　　　) crème fraîche, (　　　) sucre, (　　　) vanille. »

注　noir：黒い　crème (*f.*) fraîche：生クリーム　sucre (*m.*)：砂糖　vanille (*f.*)：バニラ

文法　定冠詞はいつ使うのか？

あなたはこれからイースターエッグとブラックチョコレートを買いに行きます．○○という店の3番目の棚の右端に並んでいるエッグ（またはチョコ）を買うと決まっていれば，その商品はあなたにとって「特定のもの」ですが，通常の買い物の場合はそうではありません．したがって不特定のエッグ（またはチョコ）ですので，「何を買いに行くの？」ときかれた場合の答は…

　　《 Des œufs de Pâques. 》
　　《 Du chocolat noir. 》　　　となります．

買い物が終わって帰宅し，エッグとチョコを棚にしまいました．数時間後，家族から「買ってきたあのエッグ（またはチョコ）はどこ？」と質問されています．この場合，すでに買ってきて自宅にある特定のエッグを指しますので，家族からの質問は…

　　《 Où sont les œufs ? 》
　　《 Où est le chocolat noir ? 》　　　となります．

　　注　est：英語の is　sont：英語の are（詳しくは4課で）

練習問題 ②

(1) もうすぐバレンタイン．あなたはこれから手作りチョコの材料を買いに行きます．出がけに，お母さんから「何を買いに行くの？」ときかれました．あなたのせりふを完成させましょう．

　　あなた：(　　　) crème fraîche, (　　　) sucre et (　　　) chocolat noir.

　　注　et：英語の and

(2) 今はイースター．おばあちゃんが，型抜きチョコのうさぎとめんどりを，孫に買って来ました．おばあちゃんがチョコを取り出すのを待ちきれない孫が，「どこにあるの？」と言っています．[ ]には動詞，(　)には冠詞を入れましょう．

　　孫：Où [　　　] (　　) lapin ?
　　　　Où [　　　] (　　) poule ?

　　注　où：どこ　lapin (m.)：うさぎ　poule (f.)：めんどり

練習問題 ③

沢山の木 arbres (*m.*), 石 pierres (*f.*), ベンチ bancs (*m.*) がある広い庭でのイースターエッグ探しです．エッグなどを隠したのはおばあちゃんで，本当は孫がそれを自力で探すことになっているのですが…

① 孫とおばあちゃんの会話を読んで，絵を完成させましょう．正解の絵は 1 つではなく，いろいろな可能性があります．
② 会話において，なぜ下線の冠詞が使われているのかを考えましょう．

孫　　　　　：Mamie, où sont les œufs ?
おばあちゃん：Les œufs sont sous une pierre.
孫　　　　　：Et où est le lapin ?
おばあちゃん：Le lapin est sous un arbre.
孫　　　　　：Et où est la poule ?
おばあちゃん：La poule est sur un banc.
孫　　　　　：Merci, Mamie !

注 Mamie：「おばあちゃん」という呼びかけの表現　sous：〜の下に　sur：〜の上に　merci：ありがとう

CD 11　練習問題 ④

　レストランの厨房です．調理台の上には，まだ何も材料は用意されていません．シェフが見習いに，ケーキ作りに必要な物を告げています．

① なぜ下線の冠詞が使われているのかを考えましょう．

　シェフ：De la farine, du beurre, du sucre, du chocolat noir et de l'eau chaude.
　見習い：Oui, Monsieur.

　注　eau (*f.*)：水　eau chaude：熱い水（湯）　Monsieur：ムッシュー（男性の敬称）

② 材料がすべて調理台の上にそろいました．すると，シェフはチョコレートを湯煎にしておくように見習いに言いつけました．しばらくしてシェフは戻ってくると…

　シェフ：Le chocolat est prêt ?
　見習い：Oui, le chocolat est prêt.

　注　prêt：準備が整っている

　なぜ下線の冠詞が使われているのかを考えましょう．

CD 12　読んでみよう！

● 母音字の読み方（続き）

eu, œu [ø]　　beurre, œuf
u [y]　　　　sucre
oi [wa]　　　noir

3 ルーヴル美術館

ルーヴル美術館には世界中から観光客がやってきます．その観光客を狙って，館内には多くのスリも潜入しています．スリたちが，時には職員をおどすなどして過激になってきたため，2013年4月，職員によるストライキが行われ，ルーヴル美術館は一時閉鎖されました．もっと安全対策をとってほしいと，職員たちが当局に要求するためのストライキを行ったのです．

文法　à＋定冠詞の縮約

à + le	→	**au**
à + la	→	そのまま
à + l'	→	そのまま
à + les	→	**aux**

« Où est *la Joconde* ? — C'est au rez-de-chaussée. »

« Où sont les fossés du Louvre médiéval ? — C'est à l'entresol. »

注　*La Joconde*：モナリザ　fossés (*m.*) du Louvre médiéval：中世ルーヴル城の壕．現在の美術館は，中世のルーヴル城がもとになっており，その一部が今も entresol（1階と地下1階の間の階）に残されている．

練習問題 ① 〔CD 13〕

見取り図を見ながら「à＋定冠詞」の適切な形で，（　）をうめましょう．質問と答の会話になっています．

(1) A : Où est le point d'accueil ?　B : C'est (　　　　) Porte des Lions.

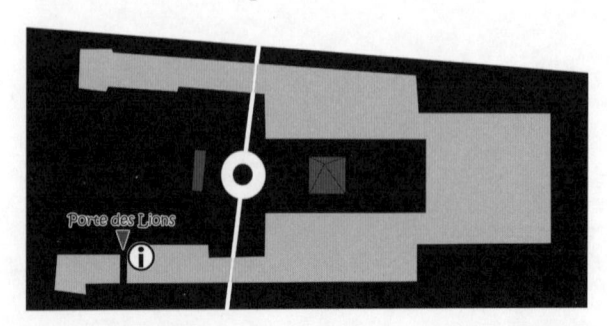

注　point (*m.*) d'accueil：インフォメーションセンター　porte (*f.*)：出入り口

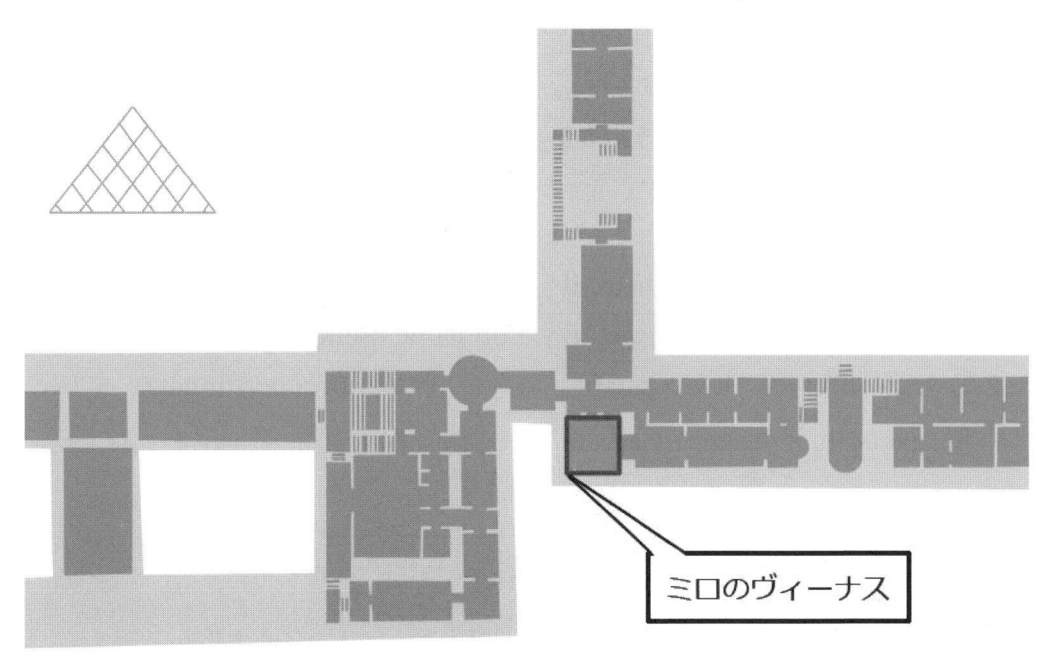

(2) A : Où est *la Victoire de Samothrace* ?　A : C'est (　　　　) premier étage.

3階 deuxième étage (m.)
2階 premier étage
1階 rez-de-chaussée
間の階 entresol (m.)
地階 sous-sol (m.)

サモトラケのニケ
salle 16
中世ルーヴル城の壕

(3) A : Où est *la Vénus de Milo* ?　B : C'est (　　　　) fond de la salle 16.

ミロのヴィーナス

Leçon 3　Le musée du Louvre

15

文法　de＋定冠詞の縮約

de + le	→	**du**
de + la	→	そのまま
de + l'	→	そのまま
de + les	→	**des**

ルーヴルには，画家ジョルジュ・ド・ラ・トゥールの有名な絵「ダイヤのエースを持ついかさま師」があります．この絵の構図の説明です．

Au milieu du tableau, il y a une table.
Autour de la table, il y a quatre personnes.

注　il y a… : 〜がある
　　au milieu de… : 〜の中央に
　　autour de… : 〜の周囲に

[CD 14] 練習問題 ②

絵の左側3人は，悪い目つきで描かれています．3人で，一番右側に座っている世間知らずの若いお金持ちの男性をだまして，お金をまきあげようとしているのです．「de＋定冠詞」の適切な形で（　）をうめましょう．

(1) Le tricheur est à gauche (　　　　) table.
(2) À droite (　　　　) tricheur, il y a deux femmes.
(3) À droite (　　　　) femmes, il y a un jeune homme.
(4) Le jeune homme est victime (　　　　) trois autres personnages.

注　à gauche de… : 〜の左側に　　à droite de… : 〜の右側に　　victime de… : 〜の犠牲者

[CD 15] 練習問題 ③

① 「à＋定冠詞」または「de＋定冠詞」の適切な形で，（　）をうめましょう．
② 枠内に名称を記入し，ルーヴル鳥瞰図を完成させましょう．Tuileries公園を背にして立っているつもりになって，文章を読んで下さい．

En face de vous, il y a la fameuse pyramide. Autour (　　　) pyramide, il y a trois ailes. À gauche (　　　) pyramide, c'est l'aile Richelieu. En face (　　　) aile Richelieu, c'est l'aile Denon. Et (　　　) fond, il y a l'aile Sully.

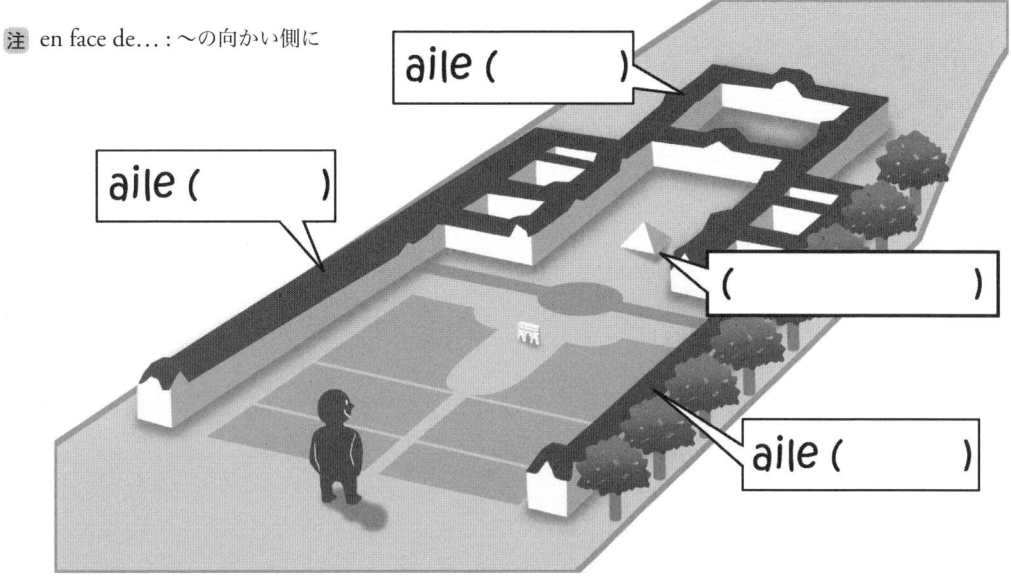

注 en face de… : 〜の向かい側に

aile (　　　)

aile (　　　)

(　　　)

aile (　　　)

[CD 16] **練習問題 ④**

① 読解問題です．ルーヴルのスリに若者が多いのはなぜですか？
② 下線部分について，この課で学んだ文法の観点から説明して下さい．

Au Louvre, les vols à la tire sont nombreux. Les pickpockets du Louvre sont jeunes. Pourquoi ? Parce que l'entrée est gratuite pour les jeunes. Alors, les touristes, attention aux vols à la tire ! Les pickpockets sont toujours autour de vous.

注 vol (*m.*) à la tire : スリの行為

[CD 17] **読んでみよう！**

● 鼻母音
an, en [ɑ̃]　entresol, en face, entrée, attention
on [ɔ̃]　*Joconde*, lion, au fond, attention

Leçon 3　Le musée du Louvre

4 酪農家の抗議行動

　2013年春，怒る酪農家たちがスーパーに対して抗議行動を行いました．理由は，エサ代などの高騰により出費が増えているのに，スーパーなどの流通業者による買い取り価格が低いままだったからです．その抗議活動の内容は，日本では考えられないものでした．

文法　動詞 être

je	**suis**	nous	**sommes**
tu	**es**	vous	**êtes**
il	**est**	ils	**sont**
elle	**est**	elles	**sont**

怒る酪農家の発言です．

«　Je suis en colère.　»
«　Nous sommes mécontents.　»

練習問題 ①

怒る酪農家の発言を，être の活用形で完成させましょう．

«　Nous (　　　) éleveurs et nous (　　　) mécontents. Les céréales (　　　) très chères maintenant. Le coût d'élevage (　　　) en hausse, mais le prix du lait (　　　) bas. Qui (　　　) les coupables ? Les supermarchés bien sûr !　»

文法　tu/vous

相手が 1 人で，なれなれしくできる友・家族・同僚の時　→ tu を使う．
相手が 1 人で，気を使う関係にある時　　　　　　　　→ vous を使う．
相手が複数名の時　　　　　　　　　　　　　　　　　→ vous を使う．

[CD 20] **練習問題 ②**

酪農家に対し，「現状に満足しているのか」という問いかけがなされています．tu/vous のどちらかを（　）に，être の活用形を［　］に入れましょう．

(1) 1 人の酪農家が，仲間の酪農家 1 人に話しかけています．
　« (　　　　) [　　　　] content de la situation ? »
(2) 1 人の酪農家が，仲間の酪農家の集団に話しかけています．
　« (　　　　) [　　　　] contents de la situation ? »
(3) TV レポーターが，1 人の酪農家にインタビューしています．
　« (　　　　) [　　　　] content de la situation ? »
(4) TV レポーターが，酪農家の集団にインタビューしています．
　« (　　　　) [　　　　] contents de la situation ? »

[CD 21] **練習問題 ③**

TV レポーターが，あるスーパーの前にいます．酪農家たちの抗議行動を，現場からレポートしているのです．レポーターの発言を読んで，次の質問に答えましょう．

① （　）内に，être の活用形を記入しましょう．
② 酪農家たちは，どのようなことをスーパーに対して行ったのでしょうか．
③ 冠詞についての追加学習です．話に初登場したものには不定冠詞・部分冠詞をつけます．同じものが話に再登場した時には，定冠詞をつけます．
　下線 (1)〜(5) の冠詞の分類に印をつけ，なぜその冠詞が使われているのかを説明しましょう．

« Chers téléspectateurs, bonsoir ! Je (　　　) maintenant devant le supermarché Leclerc. Les éleveurs furieux (　　　) là. Devant les portes du supermarché, il y a des⁽¹⁾ chariots. Sur les⁽²⁾ chariots, il y a de la⁽³⁾ paille. Et il y a du⁽⁴⁾ lisier partout sur la⁽⁵⁾ paille. L'odeur (　　　)… très très mauvaise. Le reportage (　　　) fini maintenant. Berk ! »

注 lisier (*m.*)：家畜から出る糞尿に水を混ぜて液体状にしたもの

下線 (1)　　□不定冠詞　　□部分冠詞　　□定冠詞
下線 (2)　　□不定冠詞　　□部分冠詞　　□定冠詞
下線 (3)　　□不定冠詞　　□部分冠詞　　□定冠詞
下線 (4)　　□不定冠詞　　□部分冠詞　　□定冠詞
下線 (5)　　□不定冠詞　　□部分冠詞　　□定冠詞

練習問題 ④

酪農家を搾取して儲けていると非難されているスーパーの側にも言い分はあります．スーパーで 2€40 で売られているヨーグルトの価格内訳表を見ましょう．

酪農家から生乳1リットルを買う価格	0,32 euro
農業共同体による輸送と保管料	0,30 euro
メーカーのヨーグルト製造費用	1,00 euro
販売センターでの保管と輸送費	0,50 euro
スーパーの取り分	0,28 euro
合計（スーパーの売り場での価格）	2,40 euros

注 フランスでは小数点に，カンマを使います．
euro の下の単位は，フランスでは centime です．100 centimes で 1 euro になります．
« 0,32 euro » という表示の読み方はいくつかありますが，よく使われるのは « 32 centimes » という読み方です．

ジャーナリストが，スーパーの経営者を追求しました．それに対するスーパー経営者の言い分を，左ページの表を参照しながら読みましょう．

① être の活用形をみつけて，下線を引きましょう．
② 経営者の言い分はどのような内容ですか．
③ 復習問題です．3課で学習したことを参考に，下線部 (1)～(3) を文法の観点から説明して下さい．

« C'est vrai. Les éleveurs sont malheureux et fatigués. Là, je suis d'accord. Mais nous sommes aussi victimes du(1) système actuel. Le prix du(2) lait est à 32 centimes le litre. Mais la marge du(3) supermarché est à 28 centimes seulement. 28 centimes, c'est minime ! »

注 32 centimes le litre は，「価格＋定冠詞＋単位」の構造で，「1 リットル（単位）につき 32 サンチーム（価格）」という意味です．

下線 (1)
下線 (2)
下線 (3)

読んでみよう！

● 鼻母音（続き）[ɛ̃]

in　lat<u>in</u>, lap<u>in</u>
un　<u>un</u>
ain　m<u>ain</u>tenant, Mont-S<u>ain</u>t-Michel
ein　p<u>ein</u>tre　画家
yn　s<u>yn</u>thèse　合成

5

5月1日のすずらん

　フランスで花と言えば，5月1日のすずらんと，11月1日の菊です．すずらんに関しては，2012年は1年で3590万ユーロが売れましたが，そのうちの2550万ユーロが5月1日近辺の売り上げです．人々はすずらんを切り花または鉢植えで買うわけですが，鉢（1600万ユーロ）の方が，切り花（950万ユーロ）より多く売れます．フランスでは5月1日は花屋に限らず，誰でも道端ですずらんを売ることが許されていますが，販売に関しては，ある規則が存在します．

注 11月1日は多くの人がお墓に行き，菊の鉢植えを飾ります．

文法　動詞 avoir

j'ai		nous	avons
tu	as	vous	avez
il/elle	a	ils/elles	ont

練習問題 ①

　今日は5月1日です．花屋にお客がやってきて，すずらんを買おうとしています．（　）に avoir の活用形を記入しましょう．最初の2つの（　）には，すでに正解が記入されています．

お客：Vous (avez) du muguet ?
花屋：Oui, nous (avons) des bouquets à 3 euros.
お客：Le bouquet (　　　) combien de brins ?
花屋：Tous les bouquets (　　　) trois brins.
お客：Vous (　　　) des bouquets avec des roses ?
花屋：Vous (　　　) de la chance !
　　　Nous (　　　) un seul bouquet comme ça.
　　　C'est le dernier. Il (　　　) un très bon parfum.

注 comme ça：そのような

文法　否定形

否定は，動詞の活用形を ne ... pas ではさんで作ります．avoir の否定形の活用表を完成させましょう．

je n'ai pas	nous n'avons pas
tu （　　　　　）	vous （　　　　　）
il （　　　　　）	ils （　　　　　）
elle（　　　　　）	elles（　　　　　）

すずらんだけの花束もありますが，バラを一緒に組み合わせた花束も人気があります．以下は，お客さんの発言です．

« Le bouquet sans rose n'est pas beau. »

5月1日は，森でとってきたすずらんや自宅の庭で育てたすずらんを，誰でも道で売ることが許されています．でも，この人は気分が乗らないようです．

« Je n'ai pas envie de vendre du muguet dans la rue. »

練習問題 ②　[CD 26]

5月1日のすずらん販売に関する規則です．

① （　）内の動詞を適切な形に直しましょう．
② 販売に関する優遇は何ですか．
③ 販売に関して注意すべき点は何でしょう．

　Il y (1. avoir) des règles pour la vente du muguet. Tout le monde (2. avoir) le droit de vendre du muguet dans la rue. La vente n'est pas imposée. Vous (3. avoir 否定形) le droit de vendre du muguet près d'un fleuriste, mais vous (4. être) obligé d'être à plus de 40 mètres.

注　tout le monde：すべての人（単数の扱い）　imposé：課税されている

練習問題 ③

① かっこ内に，avoir の活用形を記入しましょう．
② いつから，5 月 1 日にすずらんを贈るようになったのですか．
③ どのような思いを込めてすずらんを贈るのですか．
④ なぜ argent de poche (お小遣い) の話が登場しているのですか．

　Les Français (　　　　) l'habitude d'offrir du muguet le 1er mai. C'est une longue tradition depuis le XVIe siècle. Le muguet, c'est un porte-bonheur en France. Même les enfants (　　　　) le droit de vendre du muguet dans la rue. C'est pour avoir de l'argent de poche.

注　muguet (*m.*)：すずらん．数えられない名詞なので，部分冠詞を使う．
1er：日付の「1 日」．読み方は premier.
XVI：ローマ数字で「16」を表す．
XVIe：16 番目の．〜世紀にはローマ数字を使う．
argent (*m.*)：お金．数えられない名詞なので部分冠詞 de l' を使う．

練習問題 ④

　世界のすずらんには 2 種類があります．文章を読んで，すずらんの絵に花を付け足しましょう．

　Il y a deux sortes de muguets : le muguet japonais et le muguet allemand. Les fleurs du muguet japonais sont petites. Elles sont sous les feuilles. Ainsi, elles ne sont pas voyantes. Les fleurs du muguet allemand sont grandes. Elles sont au-dessus des feuilles.

日本すずらん　　　　ドイツすずらん

練習問題 ⑤

　4月末にすずらんを摘み取るのは，saisonnier 季節労働者が中心です．季節限定で働く季節労働者は，フランスの農業と観光業を支える重要な労働力ですが，農業部門での労働条件の悪さが問題となっています．文章を読んで，質問に答えましょう．

① avoir の活用形を見つけて，下線を引きましょう．
② なぜ季節労働者がすずらんの摘み取りを行うことになるのでしょうか．
③ 季節労働者とは，具体的にはどのような人たちですか．
④ 7000 とは，何を表す数字ですか．

　Les producteurs de muguet ont besoin de faire la cueillette en une semaine avant le 1er mai. Alors, ils ont recours aux saisonniers. Qui sont les saisonniers ? Ce sont des retraités, des étudiants et très souvent des étrangers. Ils sont 7 000 dans le nord-ouest de la France pendant la cueillette du muguet.

注　avoir recours à ... : 〜に頼る
1課で学習した c'est ...（これは〜です）の複数が，ce sont ...（これらが〜です）．

読んでみよう！

① 語末の **-e** は無視する．
　　rose, chance, fleuriste, mètre, France, poche
② 語末の **-é** は，はっきりと [e]
　　obligé, retraité
③ 語末の **-et, -er, -ez** は，はっきりと [e]
　　muguet, bouquet, dernier, saisonnier, étranger, vous avez

6

チュニジアのジャスミン革命，その後

　2010年から2011年にかけて，チュニジアでは民主化運動が高まり，長期独裁政権をたおしました．これを，チュニジアを代表する花であるジャスミンにちなんで，「ジャスミン革命」と呼びます．ジャスミン革命は近隣諸国にも影響を及ぼし，「アラブの春」へとつながりました．

　ジャスミン革命までは，毎年チュニジアを百数十万人のフランス人観光客が訪れていました．しかし，ジャスミン革命ではほとんど暴力行為がなかったにもかかわらず，フランス人観光客が戻ってきていません．観光業は，40万人以上のチュニジア人の生活の糧を担う大事な産業なのです．

文法　-er 動詞

活用語尾

je	-e	nous	-ons
tu	-es	vous	-ez
il/elle	-e	ils/elles	-ent

活用例　donner

je	donne	nous	donnons
tu	donnes	vous	donnez
il/elle	donne	ils/elles	donnent

練習問題 ①

動詞 développer を活用させましょう．

je ＿＿＿＿＿＿＿＿＿　　nous ＿＿＿＿＿＿＿＿＿
tu ＿＿＿＿＿＿＿＿＿　　vous ＿＿＿＿＿＿＿＿＿
il/elle ＿＿＿＿＿＿＿＿＿　　ils/elles ＿＿＿＿＿＿＿＿＿

練習問題 ②

（　）内の -er 動詞を，適切な形に直しましょう．チュニジアの観光業についての文章です．

La Tunisie (donner   ) sur la Méditerranée. Depuis 1960, le gouvernement tunisien (développer   ) des stations balnéaires. Le tourisme (représenter   ) 6,5% du PIB tunisien maintenant. Les eaux couleur turquoise (fasciner   ) les touristes français. Mais depuis la révolution du Jasmin, les Français (arrêter   ) de visiter la Tunisie. Ils (trouver   ) le pays instable.

注 donner sur … : 〜に面している　PIB (*m.*) : 国内総生産，GDP　trouver A B : A を B だと思う

練習問題 ③ [CD 34]

毎年チュニジアで夏のヴァカンスを過ごすフランス人家族が，インタビューを受けています．今年は，チュニジアには行かないことにしたようです．（　）内の -er 動詞を，適切な形に直しましょう．

インタビュアー： Vous (rester   ) en France ?
フランス人家族： Oui, nous (rester   ) en France.
　　　　　　　　Nous (regretter   ) beaucoup parce que nous (aimer   ) la Tunisie.
　　　　　　　　Mais le pays est instable maintenant.

文法　否定の de

主語 ＋ 動詞 ＋ 不定冠詞 ＋ 名詞
　　　　　　　　部分冠詞
　　　　　　→ 否定の de

ジャスミン革命直前の状況を表した文です．失業率は増大し，独裁を続けてきたベン・アリ大統領の人気は落ちていました．否定の de を確認しましょう．

Les Tunisiens ne trouvent pas de travail, surtout les jeunes.

注 肯定形は trouver du travail となり，travail には部分冠詞が使われます．

練習問題 ④

　ジャスミン革命直前は，特に若者の不満が高まっていました．以下は，当時の若者の発言です．（　）内の表現を否定形にして，文章を完成させましょう．

« Je (1. trouver du travail). Je (2. avoir de l'argent). Le gouvernement (3. trouver des solutions) contre la crise. Le président Ben Ali (4. proposer des mesures efficaces). »

1.
2.
3.
4.

練習問題 ⑤

　ジャスミン革命後（2011年以降），チュニジアの政治はどうなったのでしょうか．文章を読みましょう．

① -er動詞をみつけて下線を引きましょう．
② アンナハダ Ennahda とは何ですか．
③ なぜ les opposants accusent Ennahda という事態になったのですか．

　Le parti politique Ennahda dirige le gouvernement depuis la révolution du Jasmin. Ennahda est un parti islamique modéré. Mais les extrémistes musulmans défient le pouvoir. Ils déstabilisent la Tunisie. Pourtant Ennahda hésite à combattre les extrémistes. Alors les opposants accusent Ennahda. Selon les opposants, Ennahda est un allié des extrémistes.

注 opposants (*m.*)：野党
Ennahda アンナハダの内閣は，与野党対立による政治混乱で行き詰まり，結局2014年1月に辞職しました．

練習問題 ６

チュニジアが誇るハンニバル (紀元前 247 年 – 紀元前 183 年) は，イベリア半島 (現在のスペイン) のカルタゴ軍の司令官で，ローマ征伐に出発しました．そして，有名なハンニバルのアルプス越えを行いました．

① -er 動詞と否定の de に下線を引きましょう．
② ハンニバルの軍の特徴は何ですか．
③ ハンニバルはローマ征伐に成功しましたか．そして，なぜそうなったのですか．

Hannibal quitte l'Espagne pour combattre Rome. Des guerriers et des éléphants constituent l'armée d'Hannibal. Elle traverse les Pyrénées et les Alpes. Elle entre dans le nord de l'Italie. Hannibal avance vers le sud et gagne la bataille de Cannes. Mais il renonce à attaquer la cité de Rome. Pourquoi ? Parce qu'il n'a pas de ravitaillement suffisant.

注 Cannes：イタリア南部にあるカンナエという地名．史上有名なカンナエの戦いがローマ軍との間で行われた　ravitaillement (m.)：軍隊に必要な食料

読んでみよう！

① アクセント記号

accent aigu	é
accent grave	è, à, ù
accent circonflexe	î, ê, â, ô, û
cédille	ç
tréma	ï, ë

② 語中や語頭の e の読み方
　(1) アクセント記号がついている場合は，[e]．
　　　révolution, arrêter, président, modéré, éléphants, Pyrénées
　(2) e の後に子音字が 2 個続く場合も，[e]．
　　　Méditerranée, gouvernement, rester, efficace, Espagne
　(3) e の後に子音字が 1 個しかない場合は，無視する．[ə]
　　　développer, maintenant, mesure, renoncer

7

同性婚を許可する法律が成立

　2013年，フランスで同性同士の結婚 mariage が可能となる法律が公布されました．これまでもフランスには pacs という制度があり，異性間または同性間でこの契約を結ぶと，結婚に近い特典を得ることができました．例えば税制上の優遇などです．しかし pacs では認められない権利のひとつに，養子縁組があり，養子が持てるのはそのカップルが結婚 mariage している場合だけでした．そして結婚は異性間のみに許されていました．

　2013年の新しい法律によって同性婚が可能となり，同性のカップルが養子を持てるようになったのです．この法律は，フランス国内を二分する論争，そして賛成・反対の双方の抗議行動がおきました．

文法　男性名詞から女性名詞を作る

　男性名詞から女性名詞が作れる場合，原則として -e を男性名詞に加えます．ひとつめの例にならって，残りの例の（　）内に女性形を記入しましょう．

　　　étudiant (étudiante), employé (　　　　　),
　　　conjoint (　　　　　)

　以下のような作り方もあります．
(1) 男性名詞が -e で終わっている場合は，そのまま．journaliste, fonctionnaire
(2) -er/-ère　　　　ouvrier (ouvrière), pâtissier (　　　　　)
(3) -eur/-euse　　　chanteur (chanteuse), vendeur (　　　　　)
(4) -teur/-trice　　 acteur (actrice), directeur (　　　　　)
(5) -en/-enne　　　informaticien (　　　　　), musicien (　　　　　)

文法　形容詞の性

　形容詞の女性形を作る時は，原則として -e を男性形に加えます．
　　　grand (grande), petit (　　　　　), marié (　　　　　)

　次のような作り方もあります．

(1) 男性形が -e で終わっている場合は，そのまま．mince, jeune, calme
(2) **-f/-ve**   actif (active), attentif (   )
(3) **-x/-se**   heureux (heureuse), amoureux (   )

文法　名詞・形容詞の数

複数形を作る時は，原則として **-s** を単数形に加えます．

　　　étudiant (étudiants), grand (grands)

以下のような作り方もあります．
(1) 単数形が **-s/-x/-z** で終わっている場合は，そのまま．Français, heureux
(2) **-(e)au/-(e)aux**   gâteau (gâteaux), beau (   )
(3) **-al/-aux**   animal (animaux), national (   )

練習問題 ①

次の文章は，ゾエという女性と，リュカという男性のカップルについての説明です．
(　)内の名詞・形容詞を，適切な形にしましょう．

Voici Zoé. Elle est (employé) d'une entreprise. Elle n'est pas (grand), elle est (petit) et (mince). Elle est très (actif). Zoé est (le conjoint) de Lucas. Ils sont (marié).

練習問題 ②

次の文章は，エマという女性と，レオという男性のカップルについての説明です．(　)内の名詞・形容詞を，適切な形にしましょう．

Emma et Léo sont (pacsé). Ils sont (jeune). Léo est (fonctionnaire), Emma est (informaticien). Léo est (calme), Emma est (gai). Ils sont très (heureux) de vivre ensemble.

注　pacsé：pacs から作られた形容詞で，「pacs という協約を結んでいる」という意味．

練習問題 ③

　pacs を結ぶと，mariage に近い優遇が得られます．例えば所得税ですが，pacs カップルも mariage カップルと同じく，2人の収入を合わせた額に税金がかけられます．（pacs でなく単に同居している場合は，2人の所得に別々に税金がかかるので，より高くなってしまいます．）

　しかし，遺産相続・カップルが分かれる時・養子に関しては，pacs より mariage のカップルに，より強い権利や義務が生じます．

- mariage カップルの配偶者には自動的に遺産相続の権利が生じますが，pacs の場合は相続人に指定するための遺言を書いておく必要があります．
- mariage カップルが別れる時は両者が離婚に承諾する必要がありますが，pacs の場合は片方の届け出だけで pacs を解消することができます．
- mariage カップルは養子をとり，2人の子どもとして育てることができますが，pacs カップルは片方のみの養子にしかできません．2人の子どもにはできないのです．

形容詞をリストから選んで，適切な形にして表をうめましょう．

automatique, difficile, facile, impossible, nécessaire, possible

	結婚 mariage	pacs
遺産相続	La succession est (　　　　).	Le testament est (　　　　) pour la succession.
別れる場合	La séparation est (　　　　).	La séparation est (　　　　).
養子	L'adoption par le couple est (　　　　).	L'adoption par le couple est (　　　　).

練習問題 ④

フランスでは，同性婚についてどのような反応があったのでしょうか．法案 (projet de loi) 可決直前の世論調査の結果と，国会での投票状況について文章を読みましょう．国会議員は，左派が賛成，保守が反対にまわりました．

① 下線部形容詞は，どの名詞に一致していますか．
② 文章中の 2 つのパーセンテージ，55% と 43% は何を表していますか．
③ 文章中の 4 つの数字，171, 165, 331, 225 は何を表していますか．
④ なぜ，331 と 225 という大差になったのですか．

Les Françaises et les Français, qu'est-ce qu'ils pensent du projet de loi ? L'opinion est partagée(1) : 55% sont opposés(2) et 43% sont favorables(3). Au Sénat, l'écart du vote est petit(4) : 171 pour, 165 contre. À l'Assemblée nationale, la situation est différente(5), la gauche est nettement majoritaire(6) : 331 pour et 225 contre.

読んでみよう！

● c, ç の読み方

(1) **ce, ci, cy** の場合，**c** = [s]
   mince, nécessaire, succession, informaticien, musicien, difficile, facile, cybercafé インターネットカフェ

(2) **ca, co, cu** の場合，**c** = [k]
   Lucas, calme, écart, conjoint, couple, contre

(3) **ça, ço, çu** と cédille がつくと，**ç** = [s]
   Français, garçon, déçu

8 カンヌ映画祭

　毎年5月に，カンヌで映画祭が開催されます．映画祭会場へと向かう華やかな赤いじゅうたんの反対側の歩道には，1〜2日前から脚立がびっしりと並びます．カンヌ映画祭の「追っかけ」さんたちです．脚立に登って，前を通り過ぎるスターたちを眺めたり，サインをもらおうとしているのです．

　彼らにつけられた愛称は，「脚立のギャング団 le gang des escabeaux」．ギャングには常連さんも多く，1年ぶりの親交を温めあったりする映像が，毎年テレビでニュースになります．

文法　形容詞の位置

　フランス語では，ほとんどの形容詞は名詞の後に置きます．ただし，以下のような日常使う短い形容詞（つまり初級で学習する形容詞）は，名詞の前へ置きます．

　　　grand, petit, bon, mauvais, vieux, nouveau, jeune, joli, gros

ギャングの人たちは，少しでも良い場所をとろうと頑張ります．
　　Ces gens recherchent une bonne place confortable.

スターたちの目をひきつけるために，自分の脚立を飾る人もいます．
　　Certains font une jolie décoration attirante.

練習問題 ① （CD 44）

　カンヌ映画祭の会場の様子です．2つの形容詞を適切な形にして，名詞の前後につけましょう．

(1) moderne, grand
　　Le Palais des Festivals de Cannes est un (　　　　) bâtiment (　　　　).
　　注 Palais des Festivals：カンヌ映画祭が毎年行われる建物の名称

(2) luxueux, gros

　　Les stars arrivent au Palais avec une (　　　) voiture (　　　).

(3) beau, noir

　　Les acteurs portent un (　　　) smoking (　　　).

(4) long, joli

　　Les actrices portent chacune une (　　　) robe (　　　).

(5) beau, rouge

　　Devant le Palais, il y a un (　　　) tapis (　　　).

文法　指示形容詞

日本語の「この・その・あの」にあたります．日本語と異なり，遠近は区別しません．

	単数	複数
男性	ce (cet)	ces
女性	cette	

ギャングの一人が，前を通り過ぎるスターにサインをねだっています．

　　« Un autographe dans cet album avec ce stylo, s'il vous plaît ! »

　　注　album (*m.*)：サイン帳

会場の整理係が，ギャングたちに注意しています．

　　« Ces escabeaux gênent la circulation. »

練習問題 ②

　　ギャングたちの真剣勝負は，映画祭前日の夜に行われます．係員がやってきて，歩道に柵を設置するのです．その柵より前へは，出ることが許されません．従って，その柵にできるだけ近い所に脚立を設置できた者の勝利となります．そこでゲットした場所は，他のギャングに譲り渡すわけにはいきません．さて，ギャングたちはどのようにして自分の場所を守るのでしょうか．ギャングの1人へのインタビューを読みましょう．

① （　）内に，適切な指示形容詞を記入しましょう．
② 並べられた脚立が，映画祭前日の夜には，どのような状態になるのでしょうか．絵を付け足して，デッサンを完成させましょう．

インタビュアー：Où est-ce que vous mettez (　　　　) escabeau ?
ギャング　　　：Je mets (　　　　) escabeau derrière les barrières.
インタビュアー：Qu'est-ce que vous faites avec (　　　　) chaîne ?
ギャング　　　：Avec (　　　　) chaîne, j'attache (　　　　) escabeau aux autres escabeaux. C'est pour garder la place.
インタビュアー：Et (　　　　) cadenas ?
ギャング　　　：La chaîne ne suffit pas. (　　　　) cadenas est un antivol.

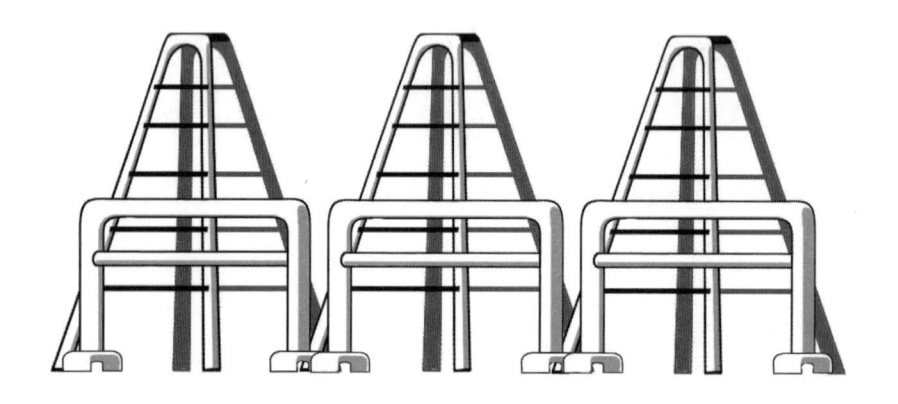

練習問題 ③

カンヌ映画祭最高賞パルムドールのトロフィーの説明です．

① 名詞の前に置かれている形容詞に，下線を引きましょう．
② 指示形容詞に，波線で下線を引きましょう．
③ トロフィーの図を完成させましょう．
④ Chopard は，何をしていますか．

　Voici le beau trophée de la Palme d'or. Cette partie transparente en forme de diamant, c'est le socle en cristal. Il pèse un kilo. Sur ce socle, il y a une tige de palmier. Cette tige courbée a 19 feuilles très fines. Elle est en or jaune. Pourquoi une tige de palmier ? Parce qu'il y a beaucoup de jolis palmiers à Cannes. C'est un petit trophée, mais il a une grande valeur : 20 000 euros.

La dessinatrice de ce trophée, c'est Caroline Scheufele. Elle travaille chez le joaillier suisse Chopard. Cette entreprise est un des partenaires officiels du Festival de Cannes. Chaque année, elle fabrique la Palme d'or pour le Festival.

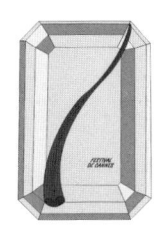

注 or (*m.*) jaune：イエローゴールド．純金に銀と銅を加えて作った金属で，色は黄色．銀を減らして銅を増やすと，ピンクゴールドになる．

読んでみよう！

● g の読み方

(1) **ge, gi, gy** の場合，**g** = [ʒ]

　　gens, rouge, barrage, tige, girafe きりん, gym 体操

(2) **ga, go, gu** の場合，**g** = [g]

　　gang, garder, golf ゴルフ, langue 言語

9 オランド大統領訪日と原子力産業アレバ社

シラク元大統領は,「超」がつくほどの親日家です．その後のサルコジ前大統領は,あまり日本に親しみを感じていなかったと言われています．この多少冷えた関係を修復すべく，2013年6月にオランド大統領が国賓として日本を訪問しました．

文法 所有形容詞

	後に男性単数名詞が続く時	後に女性単数名詞が続く時	後に複数名詞が続く時
私 je の～	mon	ma (mon)	mes
君 tu の～	ton	ta (ton)	tes
彼 il, 彼女 elle の～	son	sa (son)	ses
私たち nous の～	notre		nos
あなた（方）vous の～	votre		vos
彼ら ils, 彼女たち elles の～	leur		leurs

オランド大統領の訪日についてです．

　Sa visite au Japon dure trois jours. L'objectif de son déplacement est d'accentuer la coopération entre les deux pays.

　注 déplacement (m.)：会社員であれば「出張」の意味．ここは大統領なので「訪問」．

練習問題 ①

（　）内に，適切な所有形容詞を記入しましょう．オランド大統領の訪日と，日仏の経済関係について説明した文です．

(1) La visite du président français au Japon fait partie de (　　　) tournée asiatique après la Chine.

注 faire partie de … :～の一部を成す．オランド大統領は 2013 年 4 月に訪中しています．

(2) L'empereur Akihito reçoit François Hollande dans (　　　) résidence impériale.

注 résidence (*f.*) impériale : 皇居

(3) Pour le Japon, la France est (　　　) troisième investisseur. Et pour la France, le Japon est (　　　) premier investisseur asiatique. (　　　) échanges commerciaux: 16,5 milliards d'euros par an.

注 échange (*m.*) commercial : 商売の取引

練習問題 ② [CD 50]

来日したオランド大統領に対し，歓迎のスピーチを安倍首相が行いました．以下は，そのスピーチの一部を抜き出し，平易なフランス語表現に書き直したものです．（　）内に，適切な所有形容詞を記入しましょう．

« Monsieur le Président, bienvenue dans (　　　) pays. »

« (　　　) pays, la France, c'est la patrie de la liberté. »

« (　　　) deux pays doivent prendre le leadership pour la paix mondiale. »

« À l'issue de (　　　) entretien, nous confirmons le partenariat de (　　　) deux pays. »

文法　mon/ton/son ＋母音字で始まる女性単数名詞

男性単数	子音始まりの語が続く場合	mon pays
	母音始まりの語が続く場合	mon investisseur
女性単数	子音始まりの語が続く場合	ma résidence
	母音始まりの語が続く場合	mon énergie

[CD 51] **練習問題 ③**

　オランド大統領訪日の目的のひとつは，原子力エネルギー分野における両国の関係強化であったと言われています．この分野において日仏はすでに深く結びついています．例えば日本の使用済み核燃料は，アレバ社のラ・アーグ工場に運ばれてMOX燃料に再処理されています．処理済みのMOX燃料はラ・アーグ工場からシェルブール港に運ばれ，そこから日本に向けて船で輸送されます．

　ここはシェルブール港．ちょうど日本向けのMOX燃料がラ・アーグ工場から届いたところです．福島の事故後の現状を考えると，今日本にMOX燃料を送り出すべきではないと主張する環境保護団体のグリーンピースが，輸送の中止を求めています．（　）内に，適切な所有形容詞を記入しましょう．

(1) Areva est une entreprise d'énergie nucléaire. (　　　　) usine de traitement est à La Hague.

(2) Voilà le combustible mox pour le Japon. Greenpeace proteste contre (　　　　) arrivée à Cherbourg.

(3) Le combustible japonais arrive maintenant à Cherbourg. (　　　　) départ pour le Japon ne tarde pas.

(4) (　　　　) itinéraire vers le Japon reste secret par peur d'attaques terroristes.
　注 MOX燃料は，原爆の材料となるプルトニウムを含んでいます．テロリストに奪われないように，その輸送には厳重な警護がされていると言われています．

(5) D'après Greenpeace, le bateau de transport est armé. (　　　　) équipement comporte deux canons de 30 mm.
　注 使用済み核燃料を再処理してできるMOX燃料は，再び原発で燃料として再利用することができます．日本はこの再利用方式を目指してきましたが，2013年の時点ではまだ実現に至っていません．

[CD 52] **練習問題 ④**

　アレバ社と日本との関係について，文章を読みましょう．

① 所有形容詞に下線を引きましょう．
② quarante という数字は何を表していますか．
③ 震災後しばらくは，アレバはどのような活動をしましたか．
④ 現在は，アレバはどのような活動をしていますか．

⑤ « Notre lien historique ... notre présence. » を，日本語の単語に置き換えるのではなく，この発言が意味する内容を説明して下さい．

　Areva est un des leaders mondiaux du nucléaire. Sa présence au Japon date d'il y a quarante ans. Son intervention à Fukushima survient tout de suite après le tsunami. Ses équipements pour gérer les eaux contaminées restent en fonction plusieurs mois après la catastrophe.

　Aujourd'hui encore, son implication à Fukushima est grande. Areva passe plusieurs contrats avec des industriels japonais. Sa collaboration porte sur plusieurs domaines : protection du personnel, mesures de la contamination, etc. L'entreprise française souhaite intensifier ses efforts à Fukushima. Le directeur de la zone Asie chez Areva déclare : « Notre lien historique avec le Japon explique le maintien de notre présence. »

読んでみよう！

● **s, ss** の読み方

(1) 母音字＋**s**＋母音字の場合，**s** = [z]
　　vi<u>s</u>ite, pré<u>s</u>ident, a<u>s</u>iatique, ré<u>s</u>idence, troi<u>s</u>ième, pré<u>s</u>ence, me<u>s</u>ure

(2) 上記以外のすべての **s** = [s]
　　<u>s</u>ecret, terrori<u>s</u>te, tran<u>s</u>port, cata<u>s</u>trophe, per<u>s</u>onnel, hi<u>s</u>torique

(3) 母音字＋**ss**＋母音字の場合，**ss** = [s]
　　investi<u>ss</u>eur, i<u>ss</u>ue

10 エアバス対ボーイング

大型の旅客機に関しては，ヨーロッパのエアバス Airbus 社とアメリカのボーイング Boeing 社が，市場を二分して争っています．ボーイングの新型機 B787 Dreamliner は好調な売れ行きでしたが，2013 年に深刻なバッテリーの故障が起きて，問題を抱えています．一方エアバス社は，B787 に対抗するための新型機として A350 を開発中です．

文法　動詞 venir

je	**viens**	nous	**venons**
tu	**viens**	vous	**venez**
il/elle	**vient**	ils/elles	**viennent**

文法　近接過去

主語＋**venir** の活用形＋**de**＋動詞の不定詞

2013 年 6 月，開発中のエアバス新型機 A350 は，最初の試験飛行に成功しました．以下の例文は，成功直後に書かれたものです．

　　L'A350 vient de faire son premier vol d'essai.

その試験飛行を見るために，多くの航空ファンがトゥールーズ Toulouse 飛行場に集まりました．以下の例文は，試験飛行の成功直後のファンの発言です．

　　« Je viens de regarder le vol d'essai de l'A350 à Toulouse. »

練習問題 ①

試験飛行は一大イベントとなり，エアバス関係者はもちろんのこと，航空ファンやマスコミも大勢が集まり，撮影を行いました．当日の現場での発言を読み，動詞を近接過去形にして（　）をうめましょう．

(1) エアバス社長の発言です．

   « Nous (créer   ) un nouvel avion, l'A350 ! »

   注 nouveau（新たな・新型の）という形容詞の単数男性形には，un nouveau spectacle, un nouvel avion という2つの形があります．

(2) TVレポーターが，現場からリポートを行っています．

   « L'A350 (décoller   ) de Toulouse. Il (passer   ) une étape importante. Ces amateurs d'avions (filmer   ) son premier vol à Toulouse. »

(3) 航空ファンの発言です．

   « Je (assister   ) à un grand spectacle ! »

文法　動詞 aller

je	vais	nous	allons
tu	vas	vous	allez
il/elle	va	ils/elles	vont

文法　近接未来

主語 + aller の活用形 + 動詞の不定詞

　試験飛行の3日後には，パリ航空ショー le Salon du Bourget（飛行機の見本市）が控えていました．この航空ショーでエアバスとボーイングのどちらがより多く受注するのかが，毎回の話題となっています．今のところ，長距離の飛行機市場はボーイング，中距離飛行機はエアバスが優勢です．

　試験飛行の成功直後，航空ショーを3日後に控えたエアバス関係者の発言です．

   « Avec notre nouvel A350, nous allons rattraper Boeing sur le marché des long-courriers ! Nous allons recevoir beaucoup de commandes au Salon du Bourget. »

[CD 56] **練習問題 ②**

前のページと同じく，試験飛行直後に関する文です．（　）内の動詞を，近接未来形に直しましょう．

(1) エアバス関係者の発言です．
« Avec l'A350, nous (attaquer　　　　) les appareils Boeing long-courriers comme le B777 et le B787 Dreamliner. Nous (avoir　　　　) beaucoup de commandes d'A350. »

(2) Au Salon du Bourget, Airbus et Boeing (entrer　　　　) dans une grande compétition pour obtenir les commandes.

(3) Airbus (effectuer　　　　) beaucoup d'essais et, finalement, il (livrer　　　　) le premier appareil en 2014.

(4) Qatar Airways (recevoir　　　　) le premier appareil A350 en 2014.

[CD 57] **練習問題 ③**

2013年1月8日ボストン空港で，B787のバッテリーが火災を起こしました．同月16日には，別のB787が高松空港に緊急着陸し，調べたところバッテリーが黒焦げになっていました．これらのB787のバッテリー問題が起きたあと，2月にエアバスはある決定を下しました．

以下は，2013年2月の時点で書かれた文章です．B787 Dreamliner はボーイング社製，A350 はエアバス社が当時開発中だった新型機です．

① 近接過去と近接未来に，下線を引きましょう．
② ボーイングは，何を décider（2行目）しましたか．
③ batterie au lithium の特性は何ですか．
④ 9行目の décision の内容を説明して下さい．

Deux incidents du B787 viennent d'avoir lieu, à Boston et au Japon. Il y a cinquante B787 dans le monde, et Boeing vient de décider la suspension de leur vol. Nous ne connaissons pas encore la cause exacte de ces incidents, mais c'est sans doute un problème de batterie.

Le Dreamliner est équipé de nouvelles batteries au lithium. Les batteries au lithium ont des qualités particulières. Par exemple, elles sont petites et légères. Ainsi, elles servent à économiser du carburant. L'A350 pour son vol d'essai utilise ces batteries. Mais Airbus ne veut pas prendre de risques. Ce constructeur vient de prendre une décision. Il va renoncer à ces nouvelles batteries et le futur A350 va utiliser des batteries classiques au cadmium.

注 練習問題1で学習した形容詞 nouveau（新たな・新型の）の女性単数形は1つしかありません．une nouvelle batterie, une nouvelle étape

読んでみよう！ [CD 58]

① 語末の子音字は，読まない．

grand, beaucoup, finalement, incident, dans, mais, carburant

② 語末の **-c, -f, -l, -r** は，読むこともある．

読む場合 　　　vol, nouvel, amateur, avec, sur, leur, futur

読まない場合　 premier, léger

　　　　　　　-er 動詞不定詞の最後の **r** も読まない．passer, filmer

③ 複数の **-s, -x** は，読まない．

incidents, vols, amateurs, châteaux

11 モンサンミッシェル

　海に浮かぶ孤島にそそり立つ僧院… これが，かつてのモンサンミッシェルのイメージでした．ところが19世紀に，大陸側と島を結ぶ道路が埋め立てで造られたため，潮が満ちるたびにそこに砂がたまるようになってしまいました．かつては，満潮時に大陸側から4 kmも離れたところに見えた孤島も，今ではその距離は数百メートルしかありません．「西洋の驚異」と呼ばれた風情を取り戻すために，フランスは大規模な工事を行っています．たまった砂を，湾の沖合へ押し戻す作戦です．

文法　主語 on

on には2つの使われ方があります．動詞は3人称単数の活用形を用います．

(1) 人々が・誰かが

　　<u>On fait</u> des travaux au Mont-Saint-Michel.

　　「モンサンミッシェルでは工事が行われている．（人々が・誰かが工事を行っている．）」

(2) 私たち

　　（上の (1) の例文から続けて）Alors, <u>on</u> ne <u>va</u> pas au Mont-Saint-Michel.

　　「だから，私たちはモンサンミッシェルには行かない．」

練習問題 ①

　島と大陸を結ぶ道路は，橋ではなく埋め立てて造られており，digue (*f.*) と呼ばれています．砂の堆積の原因は，この digue と，それに沿って作られた駐車場です．digue の取り壊しの前に，まずこの駐車場の使用が禁止になり，遠くに新たな駐車場が作られました．観光客はどのようにして島へ渡ればよいのでしょうか．

① （　）内の動詞を on に合わせた活用形にしましょう．
② 観光客の島への渡り方を，図を使って説明してください．

On (avoir 否定形　　　) le droit de garer sa voiture au pied du Mont comme avant. On (devoir　　　) utiliser le nouveau parking à 2 km du Mont. Au parking, on (prendre　　　) la navette. On (descendre　　　) de la navette à 400 mètres du Mont. Après, on (devoir　　　) marcher ces 400 mètres. Alors, on (arriver　　　) au Mont très fatigué.

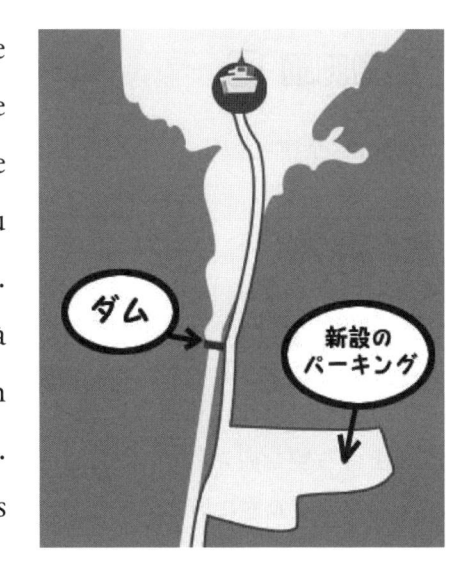

注　文章内の Mont は，Mont-Saint-Michel を指します．

練習問題 ②

大工事は 2005 年に始まりました．以下は 2004 年に工事関係者が，工事について事前説明している文です．選択肢から動詞を選んで，（　）に入れましょう．

選択肢　repousser, mettre
　　　　détruire（2 回使う）
　　　　construire または installer（1 回ずつ使う．入れ替えが可能）

(1) On va (　　　　) le vieux parking.
(2) On va (　　　　) en marche une navette.
(3) On va (　　　　) un nouveau parking.
(4) On va (　　　　) la digue.
(5) On va (　　　　) un pont.
(6) On va (　　　　) le sable autour du Mont vers le large.

文法　受動態

主語 + être の活用形 + 動詞の過去分詞（一致あり）

Le vieux parking est détruit.
La navette est mise en marche.

[CD 61] **練習問題 ③**

repousser（押しのける）を受動態（押しのけられる）にして，je 〜 elles までの活用を書きましょう．

[CD 62] **練習問題 ④**

　この問題は，練習問題2の続きです．2004年から10年程度がたちました．工事の完成を待ち望む観光客が，工事の担当者に質問しています．3番目以降の（　）について，動詞を受動態に直しましょう．

観光客：Le vieux parking (est détruit) ?
担当者：Non, pas encore.
観光客：La navette (est mise) en marche ?
担当者：Oui, déjà.
観光客：Le nouveau parking (installer　　　) ?
担当者：Oui, déjà.
観光客：La digue (détruire　　　) ?
担当者：Non, pas encore.
観光客：Le pont (construire　　　) ?
担当者：Non, pas encore.
観光客：Le sable autour du Mont (repousser　　　) vers le large ?
担当者：Non, pas encore.

文法　受動態の否定形

主語＋**ne**＋**être** の活用形＋**pas**＋動詞の過去分詞（一致あり）

[CD 63] **練習問題 ⑤**

repousser（押しのける）の受動態否定形の je 〜 elles までの活用を書きましょう．

[CD 64] **練習問題 ⑥**

練習問題4の会話のつづきです．同じ観光客が，工事が進んでいないことに苛立ちを見せています．最初の2つの（ ）内の例にならって，3番目以降の（ ）内の動詞を受動態の否定形にしましょう．

観光客：Les travaux (ne sont pas terminés) alors ?
　　　　Le vieux parking (n'est pas détruit),
　　　　la digue (détruire　　　　),
　　　　le pont (construire　　　　),
　　　　et le sable (repousser　　　　) vers le large !

[CD 65] **練習問題 ⑦**

大計画の一部として，ダムがひとつ大陸側のクエノン川に完成しています．

① 受動態に下線を引きましょう．
② ダムをどのように利用しているのですか．練習問題1の地図を参考に，その手順を説明して下さい．
③ 70 000 と 1 700 000 という数字は，何を表していますか．

　Une grande quantité de sable est portée par la marée jusqu'au pied du Mont-Saint-Michel. Pour repousser ce sable vers le large, un barrage est maintenant construit sur la rivière Couesnon. Il est déjà mis en fonction. Voici le système de ce barrage. À la marée montante, l'eau remonte la rivière. Le barrage est rempli de cette eau. Au début de la marée descendante, on ferme les vannes. Ainsi, de 70 000 à 1 700 000 m^3 d'eau sont stockés dans le barrage. Puis, on ouvre les vannes pour lâcher l'eau. Ainsi, le sable est repoussé au large de la baie.

[CD 66] **読んでみよう！**

ch [ʃ]　Mont-Saint-Michel, mettre en marche, lâcher
qu [k]　quantité, jusqu'au pied

12 ベルギーで新国王即位

　2013年7月，ベルギーの第6代国王アルベール2世（Albert II）が，20年続いた王座から79歳で退位しました．そして，Albert II の長男 Philippe 新国王（53歳）が即位しました．ベルギーは，北部のフランドル地方（オランダ語圏）と南部のワロニー地方（フランス語圏）の間で，対立が続いています．経済好調のフランドル地方はワロニー地方をお荷物だと考えており，ベルギーからの独立の気運が高まっています．このような状況下で，ベルギー国王は国が分かれないように努力していると言われています．

文法　形容詞の比較級

> **plus**
> **aussi** ＋形容詞（一致あり）＋**que**…
> **moins**

　マスコミによれば，前国王 Albert II と比べて，新国王 Philippe は内気で，国民の人気も今ひとつなのだそうです．

　　Le nouveau roi, Philippe, est <u>plus timide</u> et <u>moins populaire</u> qu'Albert II.

練習問題 ①　[CD 67]

　控えめな Philippe 新国王と比べて，Albert II はユーモアがあり，人を引き付ける魅力を持っているのだそうです．（　）内の形容詞を，適切な比較級に直しましょう．

(1) Philippe est (réservé　　　　　) qu'Albert II.
(2) Albert II est (drôle　　　　　) que Philippe.
(3) Philippe est (attirant　　　　　) qu'Albert II.

練習問題 2

しかし即位の次の日，Philippe 新国王は今までとは違った態度を見せました．以前よりも微笑みを浮かべ，くつろいだ雰囲気でありながらも，より毅然とした調子で話をしたのだそうです．

次の文は，即位の次の日の新国王についての描写です．（　）内の形容詞を，適切な比較級に直しましょう．

Le nouveau roi est (1. souriant) et (2. décontracté), et il parle d'une manière (3. ferme) qu'avant.

文法　形容詞の最上級

定冠詞 **le / la / les** ＋ **plus / moins** ＋形容詞（一致あり）＋ **de** …

ベルギーには，フランス語・オランダ語・ドイツ語の3つの語圏が存在します．オランダ語圏のフランドル地方は，ベルギー人口の60％を占め，経済も好調です．ドイツ語圏は，ベルギーの東部にあり，とても小さな地域です．

(1) La Flandre est la plus peuplée des trois régions linguistiques.
(2) La région de langue allemande est la moins peuplée des trois.

注　例文の最後にある des trois régions linguistiques は，「〜の中で」という意味の de... の後に les trois régions linguistiques が続いたため，縮約が起きて des となっています．(2) では，régions linguistiques の部分が省略されています．

練習問題 3

（　）内の形容詞を，適切な形の最上級にしましょう．

(1) La région de langue allemande est (petit) des trois.
(2) La région de langue allemande est (grande) des trois.

(3) La Flandre est (riche) des trois régions. Son économie est (florissant). Alors son budget est naturellement (grand) de la Belgique.

練習問題 ④ [CD 70]

ベルギー新国王即位に関する文章を読みましょう．

① 比較級と最上級に下線を引きましょう．
② abdication volontaire を，単語を置きかえて訳すのではなく，説明して下さい．
③ 2行目の septième という数は，何を表していますか．
④ なぜ，Les jugements sur le nouveau roi sont les plus sévères en Flandre という状況になっているのですか．
⑤ 最後の段落で，なぜ plus sobre et plus simple と言われているのでしょうか．

Suite à l'abdication volontaire d'Albert II, Philippe est maintenant le nouveau roi des Belges. C'est le septième roi de Belgique depuis l'indépendance en 1830. D'après les médias, Philippe est plus timide et moins populaire qu'Albert II. Les jugements sur le nouveau roi sont les plus sévères en Flandre. Dans cette région, il y a le parti politique séparatiste, le N-VA. C'est le plus grand parti politique de la Belgique. Il veut réaliser l'indépendance de la Flandre. Comme la famille royale belge est le symbole de l'unité du pays, il conteste la monarchie.

La cérémonie d'intronisation de Philippe est plus sobre et plus simple que les autres avènements dans le monde. À la cérémonie, il n'y a pas d'invités royaux étrangers.

注 séparatiste：分離独立派の

練習問題 ⑤ [CD 71]

ベルギーには friterie と呼ばれるフライドポテト専門の店や屋台があり，揚げたてのフライドポテトがいつでも食べられます．2013年，ベルギーのフライドポテト関連団体が，ある請願書への署名活動を始めました．

① 比較級と最上級に下線を引きましょう．
② なぜこの時期に pétition の活動が始められたのですか．
③ 4 行目の problème の内容を説明して下さい．
④ 何が，どのように，différemment（8 行目）となっているのですか．
⑤ 最後の行の espoir の内容を説明して下さい．

Du 25 novembre au 1er décembre, c'est la semaine de la frite en Belgique. À l'occasion de cette semaine, une association belge lance une pétition. Elle veut obtenir la reconnaissance du patrimoine immatériel de l'Unesco pour la frite belge. Mais là, il y a un petit problème. La France revendique elle aussi la paternité de la frite.

La frite est d'origine belge ou française ? C'est un mystère. La frite belge est aussi croustillante, aussi moelleuse et aussi savoureuse que la frite française. Mais on consomme ce plat différemment selon les deux pays. En France, la frite est une garniture. En général, elle accompagne un plat de viande à l'occasion d'un repas. En Belgique, on mange souvent des frites seules, à n'importe quelle heure.

La pétition est lancée dans la communauté flamande. Mais comme les Wallons adorent aussi la frite belge, elle peut réunir les deux communautés. En tout cas, c'est un espoir.

注 patrimoine (*m.*) immatériel de l'Unesco：ユネスコ無形文化財．2013 年には，日本の「和食」が登録されました　à n'importe quelle heure：時間にこだわりなく・いつ何時でも　en tout cas：いずれにせよ（とにかく）

[CD 72] **読んでみよう！**

● 子音字＋**ill**

(1) [ij]　fami<u>ll</u>e, croustillant

(2) [il]　mi<u>ll</u>e, vi<u>ll</u>e

13 シャトー・ワイン

　2012年秋，アメリカからEUに対して，ある要求が出されました．アメリカでシャトー・ワインとして販売されているワインを，châteauの名称をつけたままEUに輸出したいというのです．フランスはchâteauという名称にこだわりがあり，厳しい規則を設けていますが，アメリカのシャトーに関する規制はかなり緩いのです．châteauという名を冠した安い米国産ワインが輸入され，国内のシャトー・ワインが売れなくなってしまうことを懸念したフランスのワイン製造業者たちが抗議の声を上げ，結局EUは輸入に関する決定を見送ることになりました．

文法　副詞の比較級

| plus |
| aussi | ＋副詞（一致なし）＋que...
| moins |

En France, la mention « château » est contrôlée plus strictement qu'aux États-Unis.

練習問題 ①

　フランスのシャトー・ワインは，1か所にかたまって存在する畑で収穫されたブドウを使わなければなりません．これに対しアメリカでは，点在する畑から収穫されたブドウでも，1か所でまとめて醸造が行われればシャトー・ワインとすることができます．アルゼンチンの畑のブドウをアメリカに運び，アメリカの畑のブドウと一緒に醸造を行い，同一銘柄のシャトー・ワインとしている例もあります．（　）内の副詞を，適切な比較級に直しましょう．

(1) Aux États-Unis, on peut utiliser (facilement　　　) la mention « château ».

(2) En France, les raisins d'un vin « château » sont récoltés dans une seule propriété. Aux États-Unis, ils peuvent venir de (loin　　　), comme

d'Argentine.

注 propriété (*f.*) 土地

(3) La décision est reportée. L'UE va voter sur ce sujet (tard   ).

文法　副詞の最上級

定冠詞 **le** ＋ **plus / moins** ＋副詞（一致なし）＋**de** …

Les Américains veulent exporter leurs vins « château » à l'UE le plus vite possible.

練習問題 ② [CD 74]

安い米国産のシャトーワインが EU に輸入された場合，打撃を受けるのがフランス，特にボルドー地方です．（　）内の副詞を，適切な最上級に直しましょう．

(1) Il y a beaucoup de vignerons en France. Si l'exportation a lieu, les vignerons bordelais vont être (fortement) touchés.
(2) Parmi les pays européens, la France est (particulièrement) attachée à la mention « château ».
(3) La France est (profondément) impliquée dans ce dossier.

文法　形容詞 bon の比較級

plus＋bon　→　meilleur（一致あり）
aussi bon（一致あり）
moins bon（一致あり）

練習問題 ③ [CD 75]

フランスのシャトー・ワインに関する思い入れをつづった文章です．（　）内に，bon を比較級にして入れましょう．

D'après la France, les vins « château » français sont (　　　　) que les vins « château » américains. Elle ne veut pas céder la mention « château » aux vins de (　　　　) qualité.

文法　形容詞 bon の最上級

le/la/les＋meilleur(e)(s)＋de ...
le/la/les＋moins＋bon(s) / bonne(s)＋de ...

フランスがこだわる château の名称ですが，他の EU メンバー国はそれ程でもなく，アメリカの要求を受け入れようとしていました．しかし，イタリア・ハンガリー・スペインがフランスに賛同してくれて，結局 EU は決定を先送りにしました．

Dans ce dossier, l'Italie, la Hongrie et l'Espagne sont <u>les meilleurs</u> alliés de la France.

文法　副詞 bien の比較級と最上級

比較級	plus＋bien　→　mieux（副詞なので一致なし）
	aussi bien（一致なし）
	moins bien（一致なし）
最上級	le mieux
	le moins bien

練習問題 ④ [CD 76]

白ワインは魚，赤は肉（特に牛肉），そしてロゼはどちらにも合うと言われています．ワイン通の発言を，bien を（ ）内の指示通りにして完成させましょう．

« Nous avons trois sortes de vins : le blanc, le rouge et le rosé. Le vin blanc va (比較級に　　　　) avec le poisson. Le vin rouge va (比較級に　　　　) avec la viande. Le vin rouge convient (最上級に　　　　) à la viande de bœuf. Et le vin rosé accompagne (比較級に　　　　) le poisson que la viande. »

練習問題 ⑤

　フランス大統領公邸 palais présidentiel のエリゼー宮 Élysée で晩餐会が開かれる時は，たくさんのワインが必要になります．高級ワインはあるものの，本数が足りないという状況に陥っていたエリゼー宮は，2013年5月，秘策に打って出ました．エリゼー宮のワイン倉庫からの TV 中継です．

① 比較級・最上級に下線を引きましょう．
② ワインの本数が足りなくなったエリゼー宮は，どのように対処しましたか．
③ 第2段落の 12 000 と 1 200 は，何を表す数字ですか．
④ monsieur Dongxing は何をしましたか．
⑤ なぜ，Il est très content. なのでしょうか．

　Le palais présidentiel, l'Élysée, a sa propre cave. Mais il n'y a pas assez de vins pour les futurs invités au Palais. L'Élysée a donc besoin d'argent pour acheter des vins. Alors, il a recours à la méthode la plus souvent utilisée : les enchères. C'est sans doute le meilleur moyen pour récolter de l'argent le plus vite possible. Le Palais va vendre des vins prestigieux et chers pour acheter plus de vins modestes et moins chers.

　Dans la cave présidentielle, il y a 12 000 bouteilles, et 1 200 sont en vente. La vente aux enchères dure deux jours. Aujourd'hui, c'est le premier jour. Dans la salle des ventes, monsieur Dongxing, importateur chinois de vins français, vient d'acheter la moitié des cognacs. Il est très content. Pourquoi ? Parce que toutes les bouteilles vendues aujourd'hui et demain portent une étiquette spéciale. Cette étiquette indique la provenance de la bouteille : « Palais de l'Élysée ». Pour les acheteurs, c'est mieux d'avoir une bouteille spéciale plutôt qu'une bouteille ordinaire. Bien joué, l'Élysée !

注 Bien joué ! : よくやった！

読んでみよう！

● 母音字＋**il, ill** [j]　　meilleur, bouteille

14 イプシロンロケット

　2013年9月，日本のロケット「イプシロン」の打ち上げが成功しました．その2週間ほど前，予定されていた打ち上げが19秒前に中止され，人々の落胆が話題となったロケットです．イプシロンが搭載できるのは1トン程度またはそれ以下の小型衛星で，数トンの重量がある大型衛星は，H-II（エイチツー）ロケットで打ち上げています．

　ロケット産業において，日本は世界に後れをとっています．フランスを含むヨーロッパ諸国が開発したアリアンロケットArianeは，日本をはるかに上回る打ち上げ実績を誇っています．アリアンは大型衛星を打ち上げるためのロケットです．

文法　代名動詞

　(1)〜(3)の下の例文の動詞は，上の例文の動詞を代名動詞にしたものです．比較することにより，代名動詞の意味を考えましょう．

(1) 再帰
- L'association japonaise JAXA lance la fusée Epsilon. (投げる・打ち上げる)
  注 JAXA：独立行政法人 宇宙航空研究開発機構
- Avec Epsilon, le Japon va se lancer dans le marché des petits satellites. (身を投じる・とりかかる)

(2) 相互
- La fusée Epsilon succède à la fusée Mu-5. (あとを継ぐ・後継者となる)
  注 Mu-5：ミューファイブロケット
- Les lancements d'Ariane se succèdent. (次々にあとを継ぐ・相次いで起こる)

(3) 受け身
- On effectue les lancements d'Ariane sur le continent de l'Amérique du Sud. (実行する)
- Le lancement d'Ariane s'effectue sur le continent de l'Amérique du Sud. (実行される)

文法　se laver

je	me	lave	nous	nous	lavons
tu	te	laves	vous	vous	lavez
il/elle	se	lave	ils/elles	se	lavent

練習問題 ①

代名動詞 se coucher を je 〜 elles まで活用させましょう．

練習問題 ②

（　）内の代名動詞を，適切な形にしましょう．

(1) Les satellites (se placer　　　　) sur une orbite géostationnaire.
　　注　orbite (f.) géostationnaire：静止軌道．人工衛星を乗せる軌道は複数あります．地球の自転と同じ周期で回る軌道に乗せられた衛星は，地上から見ると静止しているように見えるため，この軌道を静止軌道と呼びます．

(2) Les scientifiques de la JAXA (se féliciter　　　　) de la réussite d'Epsilon.
　　注　再帰と相互の両方の場合が考えられます．「〜を喜ぶ」と「〜を喜び合う」．

(3) Ariane est un gros lanceur de satellites. Le gros lanceur japonais (s'appeler　　　　) H-II.
　　注　lanceur (m.)：衛星を軌道に乗せるための打ち上げロケット
　　gros lanceur：大型衛星を搭載できる大型打ち上げロケット

(4) Le centre spatial européen (se trouver　　　　) en Guyane, dans un département d'outre-mer français d'Amérique du Sud.
　　注　Guyane (f.)：仏領ギアナ　département (m.) d'outre-mer：海外県

(5) Le compte à rebours d'Epsilon vient de (s'arrêter　　　　) à la 19e seconde avant le lancement.
　　注　compte (m.) à rebours：カウントダウン

文法　代名動詞の否定形

主語＋**ne**＋代名動詞の活用形＋**pas**

Il ne se lave pas.

練習問題 ③　[CD 82]

問題(1)の（　）1. には，succéder または se succéder のどちらを入れるのが適切でしょうか．この文は，「ヨーロッパの次世代ロケットであるアリアン6は，2021年頃にアリアン5の○○」という意味です．「○○」の部分に合うのは succéder (後を継ぐ) であり，se succéder (相次いで起こる) ではありません．ですから，選択肢 succéder に印をつけましょう．

次に，succéder を適切な形にして，（　）1. に記入しましょう．残りの問題も，同じようにして解きます．

(1) La future fusée européenne, Ariane 6, va (1.　　　) à Ariane 5 vers 2021. Elle va (2.　　　) de quatre moteurs de 125 tonnes chacun.
   1. ☐ succéder　　☐ se succéder
   2. ☐ munir　　☐ se munir
   注 アリアンロケットは1型機に始まって，今は5型機が運用されています．

(2) Le petit lanceur européen (1.　　　) Véga. Il (2.　　　) de petits satellites sur une orbite.
   1. ☐ appeler　　☐ s'appeler
   2. ☐ placer　　☐ se placer
   注 petit lanceur (*m.*)：小型衛星を搭載する小型打ち上げロケット

(3) Ariane est un lanceur européen. Mais le coût de son exploitation ne (1.否定形で　　　) pas équitablement parmi les pays membres. La France (2.　　　) 60% du coût.
   1. ☐ répartir　　☐ se répartir
   注 選択肢の répartir は，e の上にアクセント記号があります．repartir とは異なる動詞ですので，辞書を引く時に注意して下さい．
   2. ☐ financer　　☐ se financer
   注 60% という数字は，現在運用されている Ariane 5型機の開発費用に関するものです．

練習問題 ④

2013年9月に打ち上げが成功したロケットには，なぜ「イプシロン」という名前がつけられているのでしょうか．文章を読みましょう．

① 代名動詞に下線を引きましょう．
② 何が，何の cinquième（2行目）なのですか．
③ H-IIA と B，そしてイプシロンは，以下の文章を読むと，2つの点で異なっていることがわかります．その2点とは何ですか．
④ 「イプシロン」という呼び名の由来は，以下の文章で2つ紹介されています．最初の由来を説明して下さい．
⑤ 「イプシロン」という呼び名の，2番目の由来を説明して下さい．

La nouvelle fusée japonaise s'appelle « Epsilon ». Epsilon, « E » en majuscule et « ε » en minuscule, est la cinquième lettre de l'alphabet grec. Pourquoi « Epsilon » ? Voici les raisons de cette appellation. Il y a deux sortes de propergols : solide et liquide. Nos grosses fusées H-IIA et H-IIB se chargent de propergol liquide, et la petite Epsilon de propergol solide. Le Japon a déjà une longue histoire d'exploitation du propergol solide. Et toutes les fusées japonaises à propergol solide se dotent de noms d'une lettre grecque. D'abord « Kappa » (1956-1988), puis « Lambda » (1963-1970), ensuite « Mu » (1966-2006), et maintenant « Epsilon » (2013-). Ce mode d'appellation va se poursuivre dans le futur.

Il y a aussi une autre raison. D'après la JAXA, la lettre « E » représente l'excellence, l'exploration et l'évolution. Notre Epsilon va donc être une fusée excellente, elle va évoluer et explorer l'espace jusqu'à ses confins. C'est certain !

読んでみよう！

● **x** の読み方

(1) **ex-**＋母音 [gz]　　exercice 練習, examen 試験
(2) それ以外の **x** [ks]　　exploitation, excellence, explorer, exploration, excellent

15 心のレストラン

　毎年秋の終わり頃に，心のレストラン Restos du Cœur についてのニュースがフランスで流れます．（restos は restaurants を短くした表現です．）恵まれない人たちに温かい食事をあげたり，食料品を配給したりするボランティア団体です．1985 年の開始当初は 5000 人程度の団体でしたが，現在では 6 万人以上のボランティアがフランス全土に 2000 以上のセンターを開いています．

　活動の中心は冬ですが，それ以外の季節でも規模を多少縮小して活動を行っています．面接により登録された人たちが，Restos du Cœur からの恩恵を受けられるようになりますが，気になるのはその数の増加です．2013 年の冬は，登録者が百万人の大台を超えてしまいました．

文法　非人称の il (1)

① 時刻：**Il est**＋時刻の表現　　Il est 11 heures. Il est tard.
② 天候：**Il fait**＋形容詞　　　　Il fait chaud.

練習問題 ①

時刻に関することであれば Il est，天候に関することであれば Il fait を，（　）に記入しましょう．

(1) (　　　) tôt le matin. (　　　　) encore noir. Mais les bénévoles des Restos du Cœur commencent déjà à travailler.
　注 noir：暗い

(2) (　　　) 8 heures. Ce centre ouvre à 8 heures et demie. Mais les gens font déjà la queue dehors.

(3) (　　　) 8 heures et demie. Tout est prêt.

(4) (　　　) froid dehors. Les repas chauds des Restos du Cœur vont réchauffer les bénéficiaires de cette aide.
　注 bénéficiaire：受益者．（心のレストランで）援助を受ける人

文法　非人称の il (2)

③ 存在：**Il y a** …　　　　Il y a plus de 2 000 centres Restos du Cœur.
④ 義務・必要：**Il faut** …　Il faut aider les gens démunis.

練習問題 ② [CD 86]

2012年の Restos du Cœur の活動規模と内容です．存在を表している場合は il y a を，義務・必要を表している場合は il faut を，（　）に記入しましょう．

(1) (　　　) 18 452 bénéficiaires à Paris. (　　　) donc distribuer au moins 2 millions de repas.
　注 au moins：少なくとも

(2) À Paris, (　　　) 1 950 bénévoles. Et dans toute la France, (　　　) 63 000 bénévoles. C'est une grande organisation.

(3) (　　　) aussi les Camions du Cœur parce qu'(　　　) aller aider les gens dans la rue.
　注 Camions du Cœur：トラックで街中を移動しながら援助を届ける活動

文法　非人称の il (3)

⑤ **il est**＋形容詞＋**de**＋不定詞

心のレストランの活動資金は，個人または企業からの寄付がその半分を占めています．<u>Il est nécessaire de collecter</u> des dons. Les dons sont en moyenne de 127 euros par personne.

練習問題 ③ [CD 87]

«Il est＋形容詞» の表現で，（　）をうめましょう．形容詞は，possible, difficile, urgent からひとつずつを選んで使います．

(1) Maintenant, c'est la crise économique. (　　　) de récolter de l'argent.

(2) (　　　) de faire des dons en nature, de la nourriture par exemple.
　注 don (*m.*) en nature：お金ではなく，物で寄付をすること

(3) (　　　) d'aider les gens démunis.

練習問題 ④

　2013年春に行われた心のレストランの活動です．前述のとおり，心のレストランはお金による寄付のほかに，物による寄付も受け付けています．ただ，善意を持つ個人がばらばらに物資を寄付したのでは，整理が大変です．組織として効率的に物資の寄付を受けるために，心のレストランでは次のような活動を行っています．この活動により，ある人が缶詰1個だけを寄付しても，その缶詰は効率的に活用されるのです．

① 非人称の il に，下線を引きましょう．
② des centaines と 6 000 という数は，それぞれ何を表していますか．
③ 今回の collecte の仕組みを説明して下さい．
④ 今回の collecte が行われた理由は何ですか．
⑤ 30% という数字は，何を表していますか．
⑥ 冬ではなく，春にこの collecte が行われた理由は何ですか．

　C'est le 8 mars aujourd'hui. Il y a des centaines de bénévoles des Restos du Cœur pour 6 000 magasins en France. Ils font la collecte des dons en nature, des produits alimentaires par exemple. Voici le fonctionnement de cette collecte : ces bénévoles passent la liste des produits nécessaires aux clients du magasin. Les clients achètent ces produits dans le magasin et ils donnent ces produits aux bénévoles.

　Il est indispensable de collecter ces dons aujourd'hui parce que le stock des Restos est presque vide maintenant. Il est urgent de remplir les étagères des entrepôts. Cette année, il y a 30% de bénéficiaires de plus que l'année dernière. Il ne fait plus froid, la campagne d'hiver est donc finie, mais la campagne d'été commence maintenant. Il faut continuer à distribuer des denrées alimentaires aux bénéficiaires.

注 campagne (*f.*)：キャンペーン・活動．

練習問題 ⑤

心のレストランはとても大きな組織ですので，多額の資金が必要なはずです．どのようにしてお金を得ているのでしょうか．以下のテキストを読みましょう．

① 非人称の il に，下線を引きましょう．
② 52％ という数字は，何に占める何の割合を表していますか．
③ 90％ と 10％ という数字は，それぞれ何に占める何の割合を示していますか．
④ 30％ という数字は，何に占める何の割合を示していますか．
⑤ mais（最後から 2 行目）は，逆接の接続表現です．どのような内容が逆接で結ばれていますか．
⑥ 15％ という数字は，何に占める何の割合を示していますか．

Pour assurer les activités des Restos, il faut collecter de l'argent. Les dons et legs représentent 52% du financement. La plupart de ces fonds (90%) vient de particuliers, mais il y a aussi des dons de la part des entreprises (10%). Les Restos reçoivent également des subventions publiques. Elles comptent pour 30% du budget. Par ailleurs, l'association a des revenus grâce à sa propre activité musicale. Elle organise des concerts pour collecter des fonds. Actuellement, il n'est pas facile de vendre des CD, mais les DVD et les CD des Restos du Cœur se vendent bien. Leur chiffre d'affaires représente 15% du financement.

注 particulier (*m.*)：個人　chiffre (*m.*) d'affaires：売上高

読んでみよう！

● **gn** [ɲ]　　campa<u>gn</u>e

16 アルジェリアの日本人人質拘束事件

2013年1月に，アルジェリアの天然ガス精製プラントで，イスラム教過激派による人質テロ事件がおきました．このプラントには日本の会社も関連しており，亡くなった多くの人質の方々の中には，10人の日本人も含まれていました．

文法　助動詞に avoir を使う複合過去

主語＋avoir の活用形＋動詞の過去分詞

écouter

j'ai	écouté	nous	avons	écouté
tu	as écouté	vous	avez	écouté
il	a écouté	ils	ont	écouté
elle	a écouté	elles	ont	écouté

人質事件が起きたのは，2013年1月16日の早朝でした．プラントの居住区から，仕事をするためにプラント現場へ移動するためのバスが襲われたのです．

À l'aube, des islamistes armés <u>ont attaqué</u> un bus sur un site gazier en Algérie.

注 site (*m.*) gazier : ガスプラント

練習問題 ①

上の例文で使われていた attaquer（攻撃する）を，je～elles までの複合過去に活用させましょう．

練習問題 ②

テロリストたちが，1月16日にバスを襲撃した時の様子です．前のページの例文からつなげて読みましょう．そして，（　）の中の動詞を複合過去にしましょう．テロリス

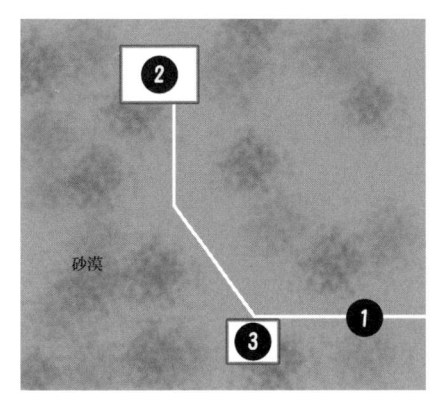

トやプラントの護衛の動きを理解するために，地図を参考にして下さい．

① 外部へ通じる道路
② プラントの現場
③ プラントで働く人たちの居住区

Mercredi 16 janvier 2013

前ページの例文 À l'aube, des islamistes armés <u>ont attaqué</u> un bus sur un site gazier en Algérie.

(1) Ils (tuer   ) un Britannique et un Algérien sur place.
(2) Les gardes du site (riposter   ).
   注 プラントには，警護のために護衛がいました．
(3) Ils (repousser   ) les terroristes.
(4) Les terroristes (reculer   ) jusqu'à la base d'hébergement du site.
   注 base (f.) d'hébergement：居住区
(5) Dans la base d'hébergement, ils (prendre   ) plusieurs centaines d'otages.

文法　助動詞に être を使う複合過去

主語＋**être** の活用形＋動詞の過去分詞

助動詞が être の場合は，主語と過去分詞の一致があります．

CD 92

aller

je suis allé(e)	nous sommes allé(e)s
tu es allé(e)	vous êtes allé(e)(s)
il est allé	ils sont allés
elle est allée	elles sont allées

プラントは砂漠地帯にあります．テロリストたちは，隣国のリビアから，砂漠地帯の国境を越えてプラントまでやって来たのです．

Les terroristes <u>sont venus</u> de Libye.

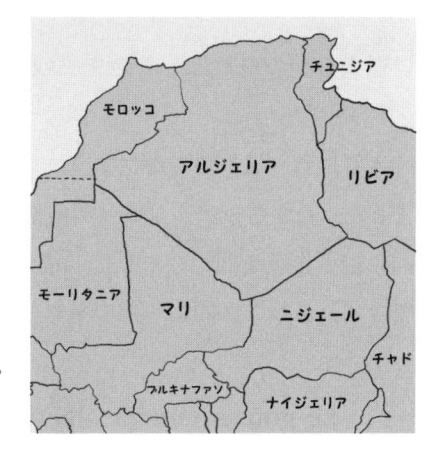

[CD 92] **練習問題 ③**

前のページの例文で使われている動詞 venir の，je 〜 elles までの複合過去の活用形を書きましょう．

[CD 92] **練習問題 ④**

事件の展開について，p. 67 の例文からつなげて読みましょう．そして（　）の中の動詞を複合過去にしましょう．この練習に登場する動詞はすべて助動詞に être を使います．

(1) 上の例文　Les terroristes sont venus de Libye.
　　Ils (passer　　　) par la frontière et ils (entrer　　　) en Algérie.

Jeudi 17 janvier（テロ事件の二日目）

(2) Vers midi, les terroristes (sortir　　　) de la base d'hébergement en voiture.
(3) Les forces algériennes (passer　　　) à l'offensive.
(4) Un hélicoptère militaire (intervenir　　　) pour bombarder le convoi.
　　注 convoi (m.)：ここでは，人質を連れて移動しているテロリストたちの車列を指します．
(5) Malheureusement, 40 otages (mourir　　　).
　　注 亡くなった人質の中には，日本人 10 名とフランス人 1 名が含まれています．

文法　複合過去の否定形

主語＋ne＋助動詞＋pas＋過去分詞

過去分詞の一致は，そのまま残します．

人質には，日本のほかにフランス・アメリカなどの欧米諸国の人たちが多く含まれていました．しかし，アルジェリア政府はこれらの政府に事前に知らせることなしに，人質奪回の軍事作戦を開始しました．残念なことに，1 回目の攻撃ではガスプラント全体を掌握できず，プラント内に一部のテロリストが人質とともに立てこもる事態となりました．

Le gouvernement algérien n'a pas prévenu les pays occidentaux avant l'opération militaire.

Malgré l'assaut, l'armée algérienne n'est pas parvenue à reprendre le contrôle du site.

> 注　上は prévenir，下は parvenir という異なる動詞です．

練習問題 ⑤

　2013年11月，2人のフランス人ジャーナリストが，マリ共和国北部の Kidal という場所で誘拐され，殺害されました．マリ北部は複数のイスラム反政府武装勢力が支配しており，混乱した状態にあります．2人の仏ジャーナリストは，このうちの1つのグループへのインタビューに行ったのです．インタビューは無事終わったのですが…

① 複合過去形に下線を引きましょう．
② マリ北部は非常に危険な地帯です．そのような場所に，仏ジャーナリストはたった2人で乗り込んだのですか．
③ 4行目の 30 と 13 という数字は，何を表していますか．
④ 誘拐はどのように行われましたか．

　Les deux journalistes sont allés dans le nord du Mali pour interviewer des rebelles. L'armée française n'a pas escorté ces deux journalistes. Ils sont arrivés à Kidal avec un transport de l'ONU. L'interview n'a pas duré longtemps, seulement 30 minutes. Elle a fini à 13 heures. Quand les deux journalistes sont sortis dans la rue, une voiture 4×4 est arrivée devant la maison. Ils n'ont pas eu le temps de s'enfuir ou de résister. Les ravisseurs ont capturé les journalistes et ils sont repartis dans le désert.

> 注　ONU (f.)：国連　4×4：四輪駆動

h は読まない！

hébergement, hélicoptère, heureusement, heure

17

2020年東京オリンピック開催決定

文法　半過去

過去の状態や背景を述べる時は，半過去を使います．

活用語尾

je	-ais	nous	-ions
tu	-ais	vous	-iez
il/elle	-ait	ils/elles	-aient

活用例　**écouter**

j'écoutais	nous écoutions
tu écoutais	vous écoutiez
il/elle écoutait	ils/elles écoutaient

練習問題 ①

半過去の活用語尾は，すべての動詞に共通です．être の活用表を完成させましょう．

j'étais　　　　　　nous ＿＿＿＿＿＿
tu ＿＿＿＿＿＿　　vous ＿＿＿＿＿＿
il/elle ＿＿＿＿＿＿　ils/elles ＿＿＿＿＿＿

練習問題 ②

2013年9月8日ブエノスアイレスで，国際オリンピック委員会（IOC）が開かれました．2020年の夏季五輪の開催都市を決めるために，IOC委員による投票が行われたのです．投票結果の発表を待つ会場は緊張に包まれ，檀上には当時のIOC会長ジャック・ロゲ氏が封筒を手にしていました．その封筒の中に，投票で選ばれた都市名が書かれた紙が入っていたのです．この緊迫の「状況」を，半過去で描写しましょう．

注　英語の省略ではIOC．フランス語は形容詞が原則として名詞の後ろに来ますので，le Comité international olympique となり，省略して CIO となります．

（　）内の動詞を，半過去に直しましょう．

Dans la salle à Buenos Aires, l'ambiance (être ＿＿＿＿＿＿) très tendue. On (attendre ＿＿＿＿＿＿) l'annonce de la décision du CIO. Monsieur Rogge, président du CIO, (être   ) devant le micro. Il (tenir   ) une enveloppe à la main. Tout le monde (regarder   ) monsieur Rogge.

練習問題 ③

同じ9月8日，日本は早朝であったにもかかわらず，多くの人々がブエノスアイレスの状況を伝えるテレビを見ていました．その日の日本の「状況」を，半過去で描写しましょう．（ ）内の動詞を，半過去に直します．

Au Japon, il (être   ) très tôt le matin, mais on (être   ) nombreux à regarder la télévision. Dans les bars sportifs, les yeux des clients (rester   ) rivés au grand écran.

注 être nombreux à＋不定詞：〜する人は多い　bar (*m.*) sportif：スポーツバー　grand écran (*m.*)：大画面

文法　半過去と複合過去の使い分け

過去のことについて語る時，それが出来事であれば複合過去を，その出来事が起きた状況や背景であれば半過去を用います．

ブエノスアイレスでの投票の直前に，立候補した各都市が最終プレゼンテーションを行いました．日本のプレゼンで話題になったのが，滝川クリステルのフランス語によるスピーチです．

Christel Takigawa était[1] parmi les membres des présentateurs. Elle a donné[2] son discours en français.

下線部分について
(1) 「滝川クリステルは当時メンバーであった」という状況を述べているので半過去を使います．
(2) そのような状況下で，「彼女はスピーチを行った」という出来事を述べているので複合過去を使います．

[CD 97] **練習問題 ④**

滝川クリステルのプレゼンについての話の続きです．彼女が行った「お・も・て・な・し」のパフォーマンスは，とても有名になりました．

まず「出来事」か「状況・背景」かを判断して印をつけ，次に（　）内の動詞を複合過去または半過去に直して下線部分に記入しましょう．

(1) Quand elle (1. prononcer) le mot *o-mo-te-na-shi*, elle (2. avoir) un grand sourire sur le visage.
　　1.　□出来事　□状況・背景　　　なので，_____
　　2.　□出来事　□状況・背景　　　なので，_____

(2) Comme sa façon de présenter (1. être) impressionnante, le mot *o-mo-te-na-shi* (2. devenir) très populaire au Japon.
　　1.　□出来事　□状況・背景　　　なので，_____
　　2.　□出来事　□状況・背景　　　なので，_____

[CD 97] **練習問題 ⑤**

練習問題4と同じ要領で，問題を解きましょう．

(1) 2020年開催都市の最終選考に残ったのは，3都市でした．premier tour（第1回投票）でそのうちの2都市が残り，second tour（第2回投票）へと進みました．
Au début, il y (1. avoir) trois candidats : Tokyo, Istanbul et Madrid. Après le premier tour, Tokyo et Istanbul (2. rester) au second tour.
　　1.　□出来事　□状況・背景　　　なので，_____
　　2.　□出来事　□状況・背景　　　なので，_____

(2) レスリングは古代五輪から行われていた伝統競技でしたが，2020年東京五輪での存続が危ぶまれていました．しかし，ブエノスアイレスのIOC総会で，その残留が決まりました．残念ながら，野球・ソフトボールは除外されてしまいました．
La lutte (1. être) menacée d'exclusion, mais le CIO (2. maintenir) cette discipline au programme des Jeux olympiques de Tokyo 2020.

1. □出来事　□状況・背景　　なので，_____
2. □出来事　□状況・背景　　なので，_____

練習問題 ⑥

　古代五輪は紀元前の古代ギリシャで始まりましたが，393年の第293回を最後に終わりを告げました．その後，時は流れ，フランスのクーベルタン男爵の呼びかけが実を結び，1896年に近代五輪が始まりました．近代五輪の歴史について，以下の文章を読みましょう．

① 複合過去に直線の下線を，半過去に波線の下線を引きましょう．
② 2行目の単語は，なぜ naissance ではなく，renaissance なのですか．
③ 1896年と1900年の五輪には，どのような違いがありましたか．
④ 何が catastrophiques（10行目）だったのですか．
⑤ 熊谷一弥は，どのような人ですか．
⑥ 織田幹雄は，どのような人ですか．
⑦ 日本で最初のオリンピックが開かれたのは，いつですか．
⑧ 最後の段落の 16 と troisième という数について，説明して下さい．

　En 1892, Pierre de Coubertin a donné un discours à la Sorbonne. Dans son discours, il a insisté sur la renaissance des Jeux olympiques. De plus en plus de pays ont consenti à la proposition de Coubertin, et les premiers Jeux olympiques modernes ont eu lieu à Athènes en 1896. Cependant, les femmes étaient exclues des Jeux, il y avait seulement les hommes. Les deuxièmes J.O. ont eu lieu à Paris en 1900. Le nombre de participants a augmenté, et les femmes aussi ont participé aux compétitions.

　La première participation du Japon a eu lieu aux cinquièmes J.O. en 1912 à Stockholm. Notre pays a envoyé deux athlètes. Comme ils n'étaient pas au niveau mondial, leurs résultats ont été catastrophiques. Le premier médaillé japonais, c'est Ichiya Kumagai en tennis. Il a obtenu deux médailles d'argent en 1920 en Belgique. Quant au premier médaillé d'or japonais, c'est Mikio Oda en triple saut en 1928 à Amsterdam, lors des neuvièmes J.O.

Les premiers J.O. au Japon étaient prévus en 1940 à Tokyo. Mais comme la guerre a éclaté entre le Japon et la Chine, on a renoncé à leur réalisation. Finalement, les premiers J.O. au Japon ont eu lieu en 1964 à Tokyo. Les athlètes japonais ont excellé. Ils ont remporté 16 médailles d'or, en troisième position après les États-Unis et l'Union soviétique.

注 J.O. : Jeux olympiques の省略語　Sorbonne (f.)：ソルボンヌ大学

熊谷一弥は，シングルとダブルスでのメダル獲得です．

読んでみよう！ [CD 99]

-**tion** [sjɔ̃]　　proposi<u>tion</u>, compéti<u>tion</u>, participa<u>tion</u>, réalisa<u>tion</u>, posi<u>tion</u>
-**stion** [stjɔ̃]　　ques<u>tion</u> 質問

フランス語のつづりの読み方

　各課の最後に「読んでみよう！」というコーナーがあり，主にその課で登場した単語を用いてつづりの読み方を段階的に学習するようになっています．各課で1項目ずつ学習できますが，全項目のまとめが必要な場合はこのページをご利用下さい．

　フランス語では広い母音と狭い母音（例えば [ɛ] と [e]）を区別しますが，初級レベルのコミュニケーションに支障をきたす可能性は低いので，この本では区別をしていません．

① 母音字

ou [u]	boutique	**ai, ei** [e]	café au lait, beige
au, eau [o]	gâteau au chocolat	**eu, œu** [ø]	deux, hors-d'œuvre
u [y]	menu	**oi** [wa]	croissant

② 鼻母音

an, en [ã]	antique, ensemble	**on** [ɔ̃]	marron, conte コント
in, un, ain, ein, yn [ɛ̃]	dessin, un, Mont-Saint-Michel		

　　　注 n だけでなく，am, em, om など，m の場合も同じ．

③ 語末の e

　　(1) 語末の -e は無視　　　　　France, mode, rose
　　(2) 語末の -é [e]　　　　　　　consommé, résumé
　　(3) 語末の -et, -er, -ez [e]　　　bouquet, atelier

④ 語中や語頭の e

　　(1) アクセント記号がついている場合は [e]　　　métro, éléphants, enquête
　　(2) e の後に子音字が2個続く場合も [e]　　　　étiquette, restaurant
　　(3) e の後に子音字が1個しかない場合は無視 [ə]　omelette, petit

⑤ c, ç の読み方

　　(1) ce, ci, cy の場合 c = [s]　　　Renaissance, cinéma
　　(2) ca, co, cu の場合 c = [k]　　　café, coup d'État
　　(3) ça, ço, çu の場合 ç = [s]　　　Français, garçon

75

⑥ **g の読み方**
　　（1）ge, gi, gy の場合 g = [ʒ]　　concierge, potage, girafe
　　（2）ga, go, gu の場合 g = [g]　　gâteau, gourmet, baguette

⑦ **s, ss の読み方**
　　（1）母音字＋s＋母音字の場合 s = [z]　　désert, poison
　　（2）上記以外のすべての s = [s]　　chanson, sommelier
　　（3）母音字＋ss＋母音字の場合 ss = [s]　　dessert, poisson

⑧ **語末の子音字**
　　（1）語末の子音字は，原則として読まない．　　bouquet, restaurant
　　（2）語末の -c, -f, -l, -r は読むこともある．　　avec, parasol, éclair
　　（3）複数の -s, -x は，読まない．　　parasols, éclairs

⑨ **ch** [ʃ]　　Mont-Saint-Michel, chouchou 髪のシュシュ
　　qu [k]　　étiquette

⑩ **子音字＋ill**
　　（1）[ij]　　　　famille
　　（2）[il]　　　　millefeuille

⑪ **母音字＋il, ill** [j]　　millefeuille, bouillon

⑫ **x の読み方**
　　（1）ex＋母音 [gz]　　exemple, examen
　　（2）それ以外の x [ks]　　excuse

⑬ **gn** [ɲ]　　campagne

⑭ **h は読まない**　　hors-d'œuvre, silhouette, hôtel

⑮ **-tion** [sjɔ̃]　　station, position
　　-stion [stjɔ̃]　　question

動詞活用表

-er 動詞

	不定詞と過去分詞	現在形	複合過去形	半過去形
-er	**donner** donné	je donne tu donnes il/elle donne nous donnons vous donnez ils/elles donnent	(助動詞 avoir) j'ai donné tu as donné il/elle a donné nous avons donné vous avez donné ils/elles ont donné	je donnais tu donnais il/elle donnait nous donnions vous donniez ils/elles donnaient
-er	**rester** resté	je reste tu restes il/elle reste nous restons vous restez ils/elles restent	(助動詞 être) je suis resté(e) tu es resté(e) il est resté elle est restée nous sommes resté(e)s vous êtes resté(e)(s) ils sont restés elles sont restées	je restais tu restais il/elle restait nous restions vous restiez ils/elles restaient
-er 特殊活用	**appeler** appelé	j'appelle tu appelles il/elle appelle nous appelons vous appelez ils/elles appellent	j'ai appelé tu as appelé il/elle a appelé nous avons appelé vous avez appelé ils/elles ont appelé	j'appelais tu appelais il/elle appelait nous appelions vous appeliez ils/elles appelaient
-er 特殊活用	**peser** (1) pesé	je pèse tu pèses il/elle pèse nous pesons vous pesez ils/elles pèsent	j'ai pesé tu as pesé il/elle a pesé nous avons pesé vous avez pesé ils/elles ont pesé	je pesais tu pesais il/elle pesait nous pesions vous pesiez ils/elles pesaient
-er 特殊活用	**gérer** (2) géré	je gère tu gères il/elle gère nous gérons vous gérez ils/elles gèrent	j'ai géré tu as géré il/elle a géré nous avons géré vous avez géré ils/elles ont géré	je gérais tu gérais il/elle gérait nous gérions vous gériez ils/elles géraient
-er 特殊活用	**manger** (3) mangé	je mange tu manges il/elle mange nous mangeons vous mangez ils/elles mangent	j'ai mangé tu as mangé il/elle a mangé nous avons mangé vous avez mangé ils/elles ont mangé	je mangeais tu mangeais il/elle mangeait nous mangions vous mangiez ils/elles mangeaient

| -er 特殊活用 | **renoncer** (4) renoncé | je renonce
tu renonces
il/elle renonce
nous renonçons
vous renoncez
ils/elles renoncent | j'ai renoncé
tu as renoncé
il/elle a renoncé
nous avons renoncé
vous avez renoncé
ils/elles ont renoncé | je renonçais
tu renonçais
il/elle renonçait
nous renoncions
vous renonciez
ils/elles renonçaient |

-er 特殊活用 (1)〜(4) の同類の動詞
(1) acheter
(2) céder, succéder
(3) charger
(4) lancer, placer, financer, commencer, prononcer

不規則動詞

不定詞と過去分詞	現在形	複合過去形	半過去形
aller allé	je vais tu vas il/elle va nous allons vous allez ils/elles vont	je suis allé(e) tu es allé(e) il est allé elle est allée nous sommes allé(e)s vous êtes allé(e)(s) ils sont allés elles sont allées	j'allais tu allais il/elle allait nous allions vous alliez ils/elles allaient
attendre attendu	j'attends tu attends il/elle attend nous attendons vous attendez ils/elles attendent	j'ai attendu tu as attendu il/elle a attendu nous avons attendu vous avez attendu ils/elles ont attendu	j'attendais tu attendais il/elle attendait nous attendions vous attendiez ils/elles attendaient
avoir eu	j'ai tu as il/elle a nous avons vous avez ils/elles ont	j'ai eu tu as eu il/elle a eu nous avons eu vous avez eu ils/elles ont eu	j'avais tu avais il/elle avait nous avions vous aviez ils/elles avaient
connaître connu	je connais tu connais il/elle connaît nous connaissons vous connaissez ils/elles connaissent	j'ai connu tu as connu il/elle a connu nous avons connu vous avez connu ils/elles ont connu	je connaissais tu connaissais il/elle connaissait nous connaissions vous connaissiez ils/elles connaissaient
consentir consenti	je consens tu consens il/elle consent nous consentons vous consentez ils/elles consentent	j'ai consenti tu as consenti il/elle a consenti nous avons consenti vous avez consenti ils/elles ont consenti	je consentais tu consentais il/elle consentait nous consentions vous consentiez ils/elles consentaient

不定詞と過去分詞	現在形	複合過去形	半過去形
construire construit 同類 détruire	je construis tu construis il/elle construit nous construisons vous construisez ils/elles construisent	j'ai construit tu as construit il/elle a construit nous avons construit vous avez construit ils/elles ont construit	je construisais tu construisais il/elle construisait nous construisions vous construisiez ils/elles construisaient
descendre descendu	je descends tu descends il/elle descend nous descendons vous descendez ils/elles descendent	je suis descendu(e) tu es descendu(e) il est descendu elle est descendue nous sommes descendu(e)s vous êtes descendu(e)(s) ils sont descendus elles sont descendues	je descendais tu descendais il/elle descendait nous descendions vous descendiez ils/elles descendaient
devoir dû, due, dus, dues	je dois tu dois il/elle doit nous devons vous devez ils/elles doivent	j'ai dû tu as dû il/elle a dû nous avons dû vous avez dû ils/elles ont dû	je devais tu devais il/elle devait nous devions vous deviez ils/elles devaient
être été	je suis tu es il/elle est nous sommes vous êtes ils/elles sont	j'ai été tu as été il/elle a été nous avons été vous avez été ils/elles ont été	j'étais tu étais il/elle était nous étions vous étiez ils/elles étaient
falloir (3人称単数のみ) fallu	il faut	il a fallu	il fallait
faire fait	je fais tu fais il/elle fait nous faisons vous faites ils/elles font	j'ai fait tu as fait il/elle a fait nous avons fait vous avez fait ils/elles ont fait	je faisais tu faisais il/elle faisait nous faisions vous faisiez ils/elles faisaient
mettre mis	je mets tu mets il/elle met nous mettons vous mettez ils/elles mettent	j'ai mis tu as mis il/elle a mis nous avons mis vous avez mis ils/elles ont mis	je mettais tu mettais il/elle mettait nous mettions vous mettiez ils/elles mettaient
mourir mort	je meurs tu meurs il/elle meurt nous mourons vous mourez ils/elles meurent	je suis mort(e) tu es mort(e) il est mort elle est morte nous sommes mort(e)s vous êtes mort(e)(s) ils sont morts elles sont mortes	je mourais tu mourais il mourait nous mourions vous mouriez ils/elles mouraient

不定詞と過去分詞	現在形	複合過去形	半過去形
ouvrir ouvert	j'ouvre tu ouvres il/elle ouvre nous ouvrons vous ouvrez ils/elles ouvrent	j'ai ouvert tu as ouvert il/elle a ouvert nous avons ouvert vous avez ouvert ils/elles ont ouvert	j'ouvrais tu ouvrais il/elle ouvrait nous ouvrions vous ouvriez ils/elles ouvraient
poursuivre poursuivi	je poursuis tu poursuis il/elle poursuit nous poursuivons vous poursuivez ils/elles poursuivent	j'ai poursuivi tu as poursuivi il/elle a poursuivi nous avons poursuivi vous avez poursuivi ils/elles ont poursuivi	je poursuivais tu poursuivais il/elle poursuivait nous poursuivions vous poursuiviez ils/elles poursuivaient
pouvoir pu	je peux tu peux il/elle peut nous pouvons vous pouvez ils/elles peuvent	j'ai pu tu as pu il/elle a pu nous avons pu vous avez pu ils/elles ont pu	je pouvais tu pouvais il/elle pouvait nous pouvions vous pouviez ils/elles pouvaient
prendre pris	je prends tu prends il/elle prend nous prenons vous prenez ils/elles prennent	j'ai pris tu as pris il/elle a pris nous avons pris vous avez pris ils/elles ont pris	je prenais tu prenais il/elle prenait nous prenions vous preniez ils/elles prenaient
recevoir reçu	je reçois tu reçois il/elle reçoit nous recevons vous recevez ils/elles reçoivent	j'ai reçu tu as reçu il/elle a reçu nous avons reçu vous avez reçu ils/elles ont reçu	je recevais tu recevais il/elle recevait nous recevions vous receviez ils/elles recevaient
remplir rempli 同類 réunir, munir, répartir, finir	je remplis tu remplis il/elle remplit nous remplissons vous remplissez ils/elles remplissent	j'ai rempli tu as rempli il/elle a rempli nous avons rempli vous avez rempli ils/elles ont rempli	je remplissais tu remplissais il/elle remplissait nous remplissions vous remplissiez ils/elles remplissaient
servir servi	je sers tu sers il/elle sert nous servons vous servez ils/elles servent	j'ai servi tu as servi il/elle a servi nous avons servi vous avez servi ils/elles ont servi	je servais tu servais il/elle servait nous servions vous serviez ils/elles servaient

不定詞と過去分詞	現在形	複合過去形	半過去形
suffire suffi	je suffis tu suffis il/elle suffit nous suffisons vous suffisez ils/elles suffisent	j'ai suffi tu as suffi il/elle a suffi nous avons suffi vous avez suffi ils/elles ont suffi	je suffisais tu suffisais il/elle suffisait nous suffisions vous suffisiez ils/elles suffisaient
sortir sorti 同類 repartir	je sors tu sors il/elle sort nous sortons vous sortez ils/elles sortent	je suis sorti(e) tu es sorti(e) il est sorti elle est sortie nous sommes sorti(e)s vous êtes sorti(e)(s) ils sont sortis elles sont sorties	je sortais tu sortais il/elle sortait nous sortions vous sortiez ils/elles sortaient
tenir tenu 同類 obtenir, maintenir	je tiens tu tiens il/elle tient nous tenons vous tenez ils/elles tiennent	j'ai tenu tu as tenu il/elle a tenu nous avons tenu vous avez tenu ils/elles ont tenu	je tenais tu tenais il/elle tenait nous tenions vous teniez ils/elles tenaient
vendre vendu	je vends tu vends il/elle vend nous vendons vous vendez ils/elles vendent	j'ai vendu tu as vendu il/elle a vendu nous avons vendu vous avez vendu ils/elles ont vendu	je vendais tu vendais il/elle vendait nous vendions vous vendiez ils/elles vendaient
venir venu 同類 survenir, intervenir, parvenir, devenir	je viens tu viens il/elle vient nous venons vous venez ils/elles viennent	je suis venu(e) tu es venu(e) il est venu elle est venue nous sommes venu(e)s vous êtes venu(e)(s) ils sont venus elles sont venues	je venais tu venais il/elle venait nous venions vous veniez ils/elles venaient
convenir convenu 同類 prévenir	je conviens tu conviens il/elle convient nous convenons vous convenez ils/elles conviennent	j'ai convenu tu as convenu il/elle a convenu nous avons convenu vous avez convenu ils/elles ont convenu	je convenais tu convenais il/elle convenait nous convenions vous conveniez ils/elles convenaient
vouloir voulu	je veux tu veux il/elle veut nous voulons vous voulez ils/elles veulent	j'ai voulu tu as voulu il/elle a voulu nous avons voulu vous avez voulu ils/elles ont voulu	je voulais tu voulais il/elle voulait nous voulions vous vouliez ils/elles voulaient

アンフォ・ジュニア Vol. 1

井上　美穂　著
シュードル・フローレンス・容子

2015. 2. 20　初版印刷
2015. 3. 1　初版発行

発行者　井　田　洋　二

発行所　〒101-0062 東京都千代田区神田駿河台3の7
　　　　電　話　03(3291)1676　FAX　03(3291)1675
　　　　振　替　00190-3-56669
　　　　株式会社　駿河台出版社

印刷　研究社印刷株式会社
http://www.e-surugadai.com
ISBN978-4-411-01350-7 C1085

NUMÉRAUX(数詞)

CARDINAUX(基数)		**ORDINAUX**(序数)	**CARDINAUX**		**ORDINAUX**
1	un, une	premier (première)	90	quatre-vingt-dix	quatre-vingt-dixième
2	deux	deuxième, second (e)	91	quatre-vingt-onze	quatre-vingt-onzième
3	trois	troisième	92	quatre-vingt-douze	quatre-vingt-douzième
4	quatre	quatrième	**100**	**cent**	**centième**
5	cinq	cinquième	101	cent un	cent (et) unième
6	six	sixième	102	cent deux	cent deuxième
7	sept	septième	110	cent dix	cent dixième
8	huit	huitième	120	cent vingt	cent vingtième
9	neuf	neuvième	130	cent trente	cent trentième
10	**dix**	**dixième**	140	cent quarante	cent quarantième
11	onze	onzième	150	cent cinquante	cent cinquantième
12	douze	douzième	160	cent soixante	cent soixantième
13	treize	treizième	170	cent soixante-dix	cent soixante-dixième
14	quatorze	quatorzième	180	cent quatre-vingts	cent quatre-vingtième
15	quinze	quinzième	190	cent quatre-vingt-dix	cent quatre-vingt-dixième
16	seize	seizième	**200**	**deux cents**	**deux centième**
17	dix-sept	dix-septième	201	deux cent un	deux cent unième
18	dix-huit	dix-huitième	202	deux cent deux	deux cent deuxième
19	dix-neuf	dix-neuvième	**300**	**trois cents**	**trois centième**
20	**vingt**	**vingtième**	301	trois cent un	trois cent unième
21	vingt et un	vingt et unième	302	trois cent deux	trois cent deuxième
22	vingt-deux	vingt-deuxième	**400**	**quatre cents**	**quatre centième**
23	vingt-trois	vingt-troisième	401	quatre cent un	quatre cent unième
30	**trente**	**trentième**	402	quatre cent deux	quatre cent deuxième
31	trente et un	trente et unième	**500**	**cinq cents**	**cinq centième**
32	trente-deux	trente-deuxième	501	cinq cent un	cinq cent unième
40	**quarante**	**quarantième**	502	cinq cent deux	cinq cent deuxième
41	quarante et un	quarante et unième	**600**	**six cents**	**six centième**
42	quarante-deux	quarante-deuxième	601	six cent un	six cent unième
50	**cinquante**	**cinquantième**	602	six cent deux	six cent deuxième
51	cinquante et un	cinquante et unième	**700**	**sept cents**	**sept centième**
52	cinquante-deux	cinquante-deuxième	701	sept cent un	sept cent unième
60	**soixante**	**soixantième**	702	sept cent deux	sept cent deuxième
61	soixante et un	soixante et unième	**800**	**huit cents**	**huit centième**
62	soixante-deux	soixante-deuxième	801	huit cent un	huit cent unième
70	**soixante-dix**	**soixante-dixième**	802	huit cent deux	huit cent deuxième
71	soixante et onze	soixante et onzième	**900**	**neuf cents**	**neuf centième**
72	soixante-douze	soixante-douzième	901	neuf cent un	neuf cent unième
80	**quatre-vingts**	**quatre-vingtième**	902	neuf cent deux	neuf cent deuxième
81	quatre-vingt-un	quatre-vingt-unième	**1000**	**mille**	**millième**
82	quatre-vingt-deux	quatre-vingt-deuxième			

1 000 000 | un million | millionième ‖ **1 000 000 000** | un milliard | milliardième